# Jeder Weg beginnt mit dem ersten Schritt

Für

unsere Kinder
Falck, Phili und Anni
und unsere Eltern
Anne und Max
und Sigrid und Rudi

Ulrike und Jens Wilde

# Jeder Weg beginnt mit dem ersten Schritt

Der Schlüssel für gute Gefühle
und Erfolge mit Pferden

*Bibliografische Information der Deutschen Nationalbibliothek:*
*Die Deutsche Nationalbibliothek verzeichnet diese Publikation in der Deutschen Nationalbibliografie; detaillierte bibliografische Daten sind im Internet über http://dnb.dnb.de abrufbar.*

© 2016 Ulrike Wilde, Dr. med. Jens Wilde MPH, 2. Auflage

Illustration: **Ulrike Wilde**
Fotografen: **Kerstin Kieper und Sebastian Müller**

Herstellung und Verlag: BoD – Books on Demand, Norderstedt

ISBN: 9783743115644

## Inhaltsverzeichnis

**Ein Vorwort von Michael Geitner** ..................7

**Einführung** ..................9

**Der klassische Weg zum Pferd?** ..................12
    Die Kinder- und Teenzeit ..................12
    Der Wiedereinstieg als Erwachsene ..................18

**Wie wir Menschen lernen** ..................23
    Unbewusste Inkompetenz – Noch weiß ich nicht,
    das ich nichts weiß ..................23
    Bewusste Inkompetenz – Mir wird klar,
    das ich nichts weiß – Mensch, bin ich blöd ..................26
    Bewusste Kompetenz – Wissen erwerben und
    anwenden – Lernen erfordert Aufmerksamkeit ..................28
    Unbewusste Kompetenz – Alles läuft automatisch –
    Hört Lernen hier auf? ..................34
    Was nehmen wir aus diesem Kapitel mit? ..................38

**Das Denkmodell** ..................40
    Einleitung ..................40
    Aufbau des Denkmodells ..................41
    Wahrnehmung ..................45
    Denken ..................51
    Aktivität ..................54
    Gefühle ..................55
    Einfach Denken! Aber schnell bitte! ..................56
    Struktur gibt uns Sicherheit ..................63
    Rita und ihr Warmblut-Wallach Seppel ..................66

**Der Reithof des Lernens** ..................69
    Ein Beispiel für unseren Reithof des Lernens ..................74

## Wie ticken unsere Pferde eigentlich ... 76
Sonja und ihr Haflinger-Wallach Prinz - Kontakt aufnehmen mit dem Wissen über die Welt der Pferde ....76
Pferde sind Energiesparer ...80
Birgit und ihr Fjordwallach Moon - Flucht- und Beutetier sein ...80
Silvia und ihre Quarterhorse-Stute Bonnie – Pferde lesen unseren Körper ...89
Arbeitsblatt 1 von Silvia ...98

## Kommunikation ... 105
Ulli und ihre Haflinger-Stute Hanni ...106
Kommunikation der Pferde ...109

## Alltägliches ... 116
Karola und ihr Pinto-Wallach Jelly – Sind Gefühle im Training hilfreich oder nicht? ...116
Katja und ihr Warmblut-Wallach Manfred – Von der Koppel holen ...119
Aufhalftern und Führen ...124
Stehen am Putzplatz ...128
Zusammenfassung Annäherung, Führen, Stehen am Putzplatz ...138

## Clickern – Die Motivationsstrategie vorausschauend eingesetzt ... 140
Elisabeth und ihr Painthorse-Wallach Jeff ...141

## Pferde auf den Anhänger verladen ... 154
Elke und ihre Pony-Stute Pauline ...154

## Wunsch oder Wirklichkeit: Konsequentes Verhalten ... 163
Dagmar und ihr Wallach Wotan ...163

## Aufbruch zu neuen Wegen ... 174

# Ein Vorwort von Michael Geitner

Menschen und Pferde sind einzigartige Lebewesen mit sehr unterschiedlich ausgeprägten Charakteren. Doch ihre Grundbedürfnisse sind die Gleichen: Sie benötigen eine erkennbare Struktur für zuverlässige Vorhersagen und die damit verbundene Sicherheit im täglichen Miteinander. Mit der Sicherheit kommt die Gelassenheit und das Vertrauen in sich selbst. Mensch und Pferd trauen sich so, ihre eigene Komfortzone zu verlassen und miteinander Neues zu lernen.

Auch die von mir entwickelten Trainingssysteme Dualaktivierung® und Equikinetic® bieten ein genial einfaches System für eine verlässliche Trainingsstruktur zwischen Mensch und Pferd. Sie beinhalten eine räumliche Struktur durch den Aufbau klassischer Dressuraufgaben, eine zeitliche Struktur durch vorgegebene Trainingszeiten und eine Beziehungsstruktur mit klaren und konsequenten Verhaltensweisen. Unser Denken, wie auch das der Pferde, liebt klare Muster. Sie bilden die Basis für Vorhersagen. Wenn die Vorhersagen eintreffen, belohnt uns unser Gehirn mit Erfolgsgefühlen, die uns und das Pferd zu neuen Herausforderungen anspornen. So entsteht auf einer sicheren Basis eine sich weiter entwickelnde Beziehung zwischen Mensch und Pferd für ein achtsames und entspanntes Miteinander.

„Du wirst Deinen Weg machen, da bin ich mir sicher." Mit diesen Worten verabschiedete ich Ulrike nach ihrer bestandenen Trainerprüfung auf meinem Hof in Rechtmehring 2008. Und es ist wunderschön zu sehen, dass meine Vorhersage eingetroffen ist.

Jedes strukturierte Trainingssystem bedarf einer individuellen Anpassung an bestehende Fähigkeiten und Ziele von Mensch und Pferd, um erfolgreich zu sein. Ulrike entwickelt mit eignen Geschichten und ihrer Kunden eine Struktur, die uns Menschen diese Anpassungen ermöglicht.

Mit Einfühlungsvermögen, mit der Fähigkeit zuzuhören und mit einem umfassenden Wissensschatz aus der Neurobiologie, die unser Denken erforscht, hat Ulrike schon eine Vielzahl von Kunden darin unterstützt, die Dualaktivierung® und die Equikinetic® zu einem sehr persönlichen und erfolgreichen Trainingssystem zu modellieren. Es sind die Basics der guten Beziehung zu sich selbst und seinem Partner Pferd, die die entscheidenden Erfolgsfaktoren für ein gesundheitsförderndes und nachhaltig wirkendes Training ausmachen. Lasst Euch durch Ulrike auf den Weg von Entwicklung und Erfolg mitnehmen und Euch innere Strukturen und Sicherheiten schenken.

Viel Spaß beim Lernen mit Geschichten!

Michael Geitner

# Einführung

Als Kind begann ich die Pferdewelt zu entdecken. In kindlicher Unbeschwertheit durfte ich eine wunderbar entspannte Zeit mit Pferden erleben. Ich genoss es, mich mit den Pferden zu bewegen und genau so auch ihre Ruhe zu genießen. Zwanzig Jahre später, als erwachsene Wiedereinsteigerin in die Pferdewelt war alles ganz anders. In meinem Kopf hatten sich zu der kindlichen Freiheit viele Fragen und eine große Portion Verantwortung eingenistet. Der Raum für mein Denken, mein Fühlen und mein Handeln war enger. Meine ersehnten Erinnerungen und Wünsche von unbeschwertem Spaß und Leichtigkeit auf einem entspannt schnaubenden Pferd ließen auf sich warten. Das hatte ich mir ganz anders vorgestellt. Die kindliche Unbekümmertheit war scheinbar verschwunden.

Doch ich hatte und habe den besten Coach an meiner Seite: meinen Ehemann. Mit Hilfe seiner strukturierten Herangehensweise an Lösungen und dem dadurch entstandenen Trainingskonzept der ON-LINE PFERDEAUSBILDUNG bekam ich Ideen und Vorstellungen an die Hand, die mir halfen, mich gezielt mit meinem Pferd zu verändern. Ich erhielt die persönliche Freiheit, mich so fühlen zu können, wie ich mich fühlen wollte. Nämlich leicht und flexibel. Durch diese stetig wachsende Freude vervielfältigten sich meine Möglichkeiten, selbständig Lösungen für mehr Spaß mit Pferden zu finden. Ich steckte nicht mehr in der „Das-funktioniert-nicht-Reithalle" fest, sondern begann, mein Leben auf die freie „Was-geht-noch-Blumenwiese" zu lenken.

Es ist ein tolles Gefühl die eigenen Visionen und Wünsche zu beschreiben und sie Schritt für Schritt umzusetzen. Als Mensch-Pferd-Coach sehe ich heute diese Freude jeden Tag in den leuchtenden Augen meiner Kunden. Sie haben alle nötigen Fähigkeiten, sich ihre Wünsche zu erfüllen, doch manchmal stehen ihnen Gedanken und Erinnerungen dabei im Weg, ihre Stärken zu erkennen. Im Training werden sie sich nach und nach ihrer vorhandenen Fähigkeiten bewusst und können so Schritt für Schritt die Partnerschaft mit ihrem Pferd eingehen, die sie sich so sehr wünschen. Und ganz nebenbei sehen meine Kunden ihre Welt viel gelassener, nehmen viel mehr um sich herum wahr und finden leichter kreative Lösungen.

Das Leben schreibt Geschichten. Dieses Buch ist aus meiner unendlichen Neugierde auf unsere Geschichten entstanden. Es ist die Neugierde auf unsere so individuellen Welten, in denen wir leben und unsere Erlebnisse, Freude und vieles, das uns beschäftigt, mit anderen Menschen teilen. Ich freue mich sehr, auf meinem Weg viele Pferde kennen gelernt zu haben und viele Facetten und Charaktere dieser anmutenden Vierbeiner erleben zu dürfen. Es erfüllt mich mit sehr viel Begeisterung, dass Menschen mit eigenen Pferden mich in ihre persönliche Welt einladen und sie mit mir teilen wollen. Ich genieße diese Geschichten mit all meinen Sinnen.

In diesem Buch erfahren Sie, welche großartigen Fähigkeiten wir Menschen haben, um uns an Situationen anzupassen oder sie zu verändern. Sie erfahren, wie wir Menschen denken und wie wir Informationen aus unserer Welt verarbeiten und in Aktivitäten umsetzen können. Es beschreibt unsere Partnerschaft mit unseren Vierbeinern und interessante Ziele, die wir auf unserem gemeinsamen Weg zusammen mit unseren Pferden erleben und erreichen. Sie lernen diese Ziele zu erkennen und zu definieren und mit welchen Werkzeugen Sie diese Ziele wahr werden lassen können. Wir besitzen alle Fähigkeiten, uns unsere Ziele zu erfüllen und dabei das freudige Gefühl des Erfolgs zu spüren. Und falls uns das Leben oder unser Pferd

auf eine harte Probe stellt, so können wir die Ärmel hochkrempeln und uns selbst wieder aus dem Sumpf ziehen. Sammeln wir Erfahrungen durch Handeln und entdecken wir unsere Fähigkeiten, die uns und unserem Pferd gemeinsam Spaß für unseren gemeinsamen Weg bereiten. Ich lade Sie zu einer Reise ein, in der Sie die Freiheit erhalten können, sich mit Ihrem Pferd so zu fühlen, wie Sie es sich wünschen.

Ulrike Wilde

# Der klassische Weg zum Pferd?

**Die Kinder- und Teenzeit**

Mit 6 Jahren wünschte ich mir sehnlichst ein Pony. Ich begann meine Eltern unaufhörlich zu nerven. Mit jeder Menge guter Argumente, mit dramatisch stampfenden Füßen und herzzerreißendem Geheul versuchte ich meine Eltern von meinem sehnlichsten Wunsch zu überzeugen: „Ich will ein Pony!"

Aber was ich mir auch alles einfallen ließ, meine Mutter war und ist ein absoluter standhafter Mensch mit einem großen Sicherheitsbedürfnis. Sie beharrte auf ihrer Entscheidung: Reiten im Kindesalter sei total ungesund und viel zu gefährlich. „Kind, Du hast das ganze Leben noch vor Dir", waren ihre abschließenden Worte. „Ohne Pony möchte ich aber nicht mehr leben", grummelte ich zurück.

Wenn schon meine Eltern nicht darauf ansprangen, so würde meine Oma mich sicherlich verstehen. Sie war die einzige, die in der Familie ein Tier, einen rotzverwöhnten Dackel namens Daxi, an ihrer Seite hatte. Sicher würde sie mir bei der Erfüllung meines Traums helfen. Sie war eine gemütliche, sehr warmherzige Frau mit klaren Ansichten und einem straffen Regiment in der Familie. Ihre Worte hatten Gewicht. Sie zeigte zumindest Verständnis für meinen großen Wunsch, nahm mich in ihren warmen, weichen Arm und sagte: „Ja, meine Kleine, ich verstehe Dich und helfe Dir, Dein Papa träumte als Kind auch von Pferden." Leider konnte sie ihr Versprechen nicht einlösen, da sie zu früh verstarb. „Mein Papa hatte also auch diesen Wunsch als Kind gehabt", überlegte ich und da kam mir die Idee. Ich musste seinen Wunsch irgendwie wieder aus seinen Erinnerungen ausgraben.

Als Kind habe ich nicht darüber nachgedacht, wie ich ein Ziel planen und verfolgen würde. Ich habe einfach intuitiv gehandelt. Pferdebücher fanden eine Heimat in meinem Zimmer. Alle Gesprächsthemen mündeten in irgendeinem Pferdevergleich. Ich verfolgte beharrlich meinen größten Wunsch – und das mit Erfolg. Mein Vater wurde mein Verbündeter in unseren Familiengesprächen und meine Mutter gab schließlich nach. Und endlich nach einer unendlich langen Zeit des Wartens und Argumentierens nahm mich mein Vater an die Hand und ging mit mir zu einem Ponyhof. Ich durfte alle vier Wochen für eine Stunde auf einem der vielen Shettys reiten. Es war für mich das Highlight im Monat. Und irgendwie sah auch mein Vater beim Zuschauen glücklich aus.

Mit zehn Jahren bekam ich dann die Chance, bei uns im Reitverein am wöchentlich stattfindenden Voltigierunterricht teilzunehmen. Es war zwar nicht das, was ich mir vorgestellt hatte, aber es war ein Fortschritt. Ich konnte noch näher mit Pferden zusammen sein, ihr beruhigendes Schnauben genießen, den großen warmen Pferdekörper spüren, einfach nur mit ihnen zusammen sein und mich gut und geborgen fühlen. Ich fand einen zarten Hauch dieser sanften und auch spannenden Atmosphäre aus den verschlungenen Pferdebüchern wieder. Ich kam regelmäßig eine Stunde vor Trainingsbeginn zum Stall, um Clemens, dem Voltigierlehrer dabei zu helfen, unseren großen Fuchswallach Axel für die Voltigierstunde vorzubereiten. Ich holte ihn von der Weide, putzte ihn und schmuste viel mit dem großen weichen Riesen.

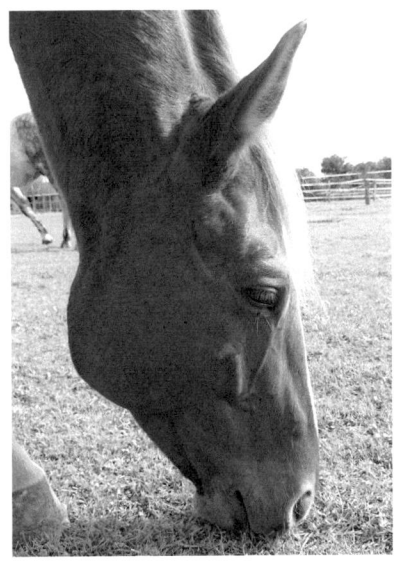

Ich habe heute noch den Blick von Axel vor Augen, den Geruch von frischem Heu und Stroh in der Nase und höre die dunkle, klare und herzige Stimme von Clemens, der in meinen Augen mit seinen 45 Jahren schon ganz schön alt war. Ich mochte ihn sehr. Er war ein Blick. Wo immer er auftauchte, war er präsent. Auch wenn er nicht sprach und nur bei uns stand, fühlten wir Voltigierkinder seine volle Aufmerksamkeit. Wir konnten mit Clemens über alles quatschen, taten es natürlich vornehmlich über Pferdethemen. Er hatte ein schier unerschöpfliches Wissen über Pferde. Was wir ihn auch fragten, er hatte eine Antwort und mehr noch, er führte uns geduldig auf den Weg, eigene Antworten zu finden. Sein Umgang mit Pferden war konsequent, natürlich, selbstverständlich und sanft. Er respektierte den persönlichen Raum der Pferde, wie auch sie seinen Raum respektierten. Ich habe in unserer ganzen gemeinsamen Zeit nicht einmal erlebt, dass er unseren imposanten Wallach Axel ungerecht behandelt hätte. Immer wieder erstaunlich war, was Clemens alles um sich herum wahrnahm. Er arbeitete konzentriert mit Axel und hatte uns Kinder gleichzeitig im Blick. Diese Gelassenheit zog uns Kinder in seinen Bann.

Vor jeder Voltigierstunde durften wir in der Halle toben. Dieses Auspowern half uns Volti-Kids die ganzen Alltagsgeschichten abzuschütteln und uns danach besser auf das Training konzentrieren zu können. Und ganz sanft übertrug Clemens nach und nach Verantwortung auf uns. Vor Beginn der Stunde bekam ein Kind die Aufgabe, unsere Kindergruppe durch die Aufwärm- und Tobespiele zu führen. Es war ein prickelndes Gefühl, den Ton angeben zu dürfen. Und ganz selbstverständlich lernten wir, auf die anderen Kinder zu achten, damit alle gemeinsam mitspielen konnten. Ein zweites Kind durfte Clemens beim „Aufwärmen" von Axel helfen. Das war natürlich der begehrteste Job von allen, klar. Wir lernten sehr früh von Clemens, dass es beim Umgang mit einem Pferd auf die Körpersprache ankam. Denn nur diese Sprache verstand Axel am anderen Ende der Longe. Sonst keine. Aus der kindlichen Unbekümmertheit heraus funktionierte das „Sprechen" mit Axel einfach. Es machte Spaß. Clemens stand dabei mit seiner imposanten Größe, seinem breiten Kreuz und Füßen in Schuhgröße 47 wie eine schützende, stattliche Eiche hinter uns. Ich fühlte mich bei ihm total geborgen. Und es war ein erhebendes Gefühl, unseren großen, imposanten Axel auf so entspannte Weise laufen zu sehen.

Der gleichmäßig strukturierte Trainingsablauf mit Toberunde, Gymnastik, Pferd holen, Trainieren und zum Schluss Beisammen sein funktionierte bei uns Kids im Alter zwischen sechs und vierzehn Jahren prima. Er hat nie an uns herumgemeckert, sondern uns einfach gelobt, wenn wir etwas gut machten und Einsatz zeigten. Wer jedoch die Grenzen von Clemens Trainingsstruktur überschritt und aus der Reihe tanzte, dem zog er konsequent die Ohren lang. Es war diese Art und Weise, mit der Clemens uns führte. Wir wussten immer, woran wir bei ihm waren. Wer gut trainierte, bekam fettes Lob und jede Menge Aufmerksamkeit. Wer keinen Bock hatte, durfte sich außerhalb der Gruppe in Ruhe abkühlen. Kam er wieder aufgeräumt zurück, durfte er gleich wieder voll mitmachen. Wir hatten es also selbst in der Hand, ob das Training für uns fad und langweilig wurde oder ob es mit viel Spaß und Erfolg verlief. Wir stellten uns intuitiv auf die Trainingsdauer ein und fühlten uns sicher aufgehoben. Diese Sicherheit gab uns, gepaart mit dem Wahnsinns-Urvertrauen von Clemens in uns Kinder und seinem Wallach Axel, den Mut immer neue Voltigierfiguren und waghalsige Stunts auf dem Pferd auszuprobieren. Ich staune heute noch, wie ich es geschafft habe, mit meiner damaligen Größe ohne Hilfe auf dieses riesige Pferd zu springen.

Und wie Recht hatte meine Oma mit meinem Vater. Er förderte nicht nur meine große Liebe zu Pferden weiter, sondern engagierte sich immer mehr in unserem Reitverein. Er half Clemens und kümmerte sich vor und während des Trainings um uns Kinder. Er aktivierte Eltern, wenn es um Engagement bei Vorführungen ging, und sammelte Spenden für den Verein.

Meiner Mutter blieb unser Engagement bei den Pferden nicht verborgen. Nach und nach begleitete sie uns in den Reitstall und übernahm wertvolle Aufgaben im Verein. So nähte sie beispielsweise allen Mädchen wunderschöne Faltenröcke für die Auftritte unserer Voltigruppe und sorgte für die leckere Verpflegung.

Ich war damals sehr glücklich. Aus heutiger Sicht freue ich mich umso mehr, da meine Mutter ihre ängstliche Haltung gegenüber Pferde in ein Urvertrauen in meine Reitkünste umwandelte. Ich konnte meinen Herzenswunsch mit meiner lieben Familie erleben.
Durch das Engagement meiner Eltern war ich nun fast jeden Tag im Reitstall. Ich saß bei den Pferden an der Koppel und beobachtete sie

beim Spielen und Grasen. Die Zeit verging und Axel kam langsam in die Jahre. Wir brauchten ein neues Voltigierpferd. Clemens fand die Stute Gypsie. Ich erinnere mich noch genau daran, wie ich Gypsie das erste Mal gegenüber stand. Sie war 1,50 m groß und sah wie das Pferd von Pippi Langstrumpf aus. Eine junge Knappstrupper-Stute wie aus dem Bilderbuch mit einem ganz weichen lieben Blick.

Clemens ließ sie regelmäßig in der Halle laufen, um sie an das Training zu gewöhnen, und ich durfte zu schauen. Dann passierte etwas Unglaubliches. Er kam auf mich zu und übergab mir einfach die Longe mit den Worten: „Probiere einmal aus, ob sie bei Dir auch so gut läuft wie bei unserem Axel." Ich wuchs in diesem Moment mindestens 10 cm vor Stolz. Gypsie kreiste sauber im Zirkel um mich herum und setzte meine Stimmkommandos und Körpersprache zum Gangartenwechsel sofort um. Wenn ich heute an dieses Gefühl von damals denke, bekomme ich immer noch eine Gänsehaut. Es war damals alles so selbstverständlich. Ich machte alles, ohne nachzudenken.

Und um dieses Gefühl noch zu toppen, durfte ich mich sogar als Erste auf Gypsies Rücken setzen. Mein Herz klopfte wie wild. Ich dachte sofort an meine Mutter und ihre Befürchtungen, dann schaute ich zu meinem Vater, der mir lächelnd zunickten. Ja, ich durfte! Ja ich wollte! Ja, ich machte!

Clemens half mir mit einer Räuberleiter sachte hoch und ließ Gypsie im Kreis laufen. Erst nur im Schritt, dann im Trab und natürlich auch im Galopp. Es war ein unbeschreibliches Gefühl. Durch die natürliche kindliche Koordination und Selbstverständlichkeit auf dem Pferd, die Clemens mit seinem Training auf lockere und spaßige Art förderte, konnte ich leicht das Gleichgewicht zwischen Spannung und Entspannung finden und mich so von Gypsie in ihren Bewegungen mitnehmen lassen. Es war nahezu ein Schweben durch die Halle. Freihändig und jauchzend galoppierte ich mit Gypsie im Kreis.

Mein Vater war in diesem Anblick sehr glücklich, Oma hat es gewusst. Wieder zuhause erzählte er meiner Mutter sofort sehr ausführlich und emotional von meinem Abenteuer mit Gypsie. Meine Mutter lächelte beim Zuhören sehr liebevoll zu mir hinüber und tat ein wenig geheimnisvoll. „Na, da bin ich sicher, dass unserer Kleinen das Sommerferiengeschenk gut gefallen wird." „Was ist es, Mama? Sag schon. Was bekomme ich, was ist es?" „Papa und ich schenken Dir drei Wochen Urlaub auf dem Ponyhof. Zusammen mit Deinen Freundinnen." „Jaaaaaaaaaa! Ihr seid die Besten! Juchuuu!" Ich tanzte freudestrahlend durch unser Wohnzimmer und warf mich meiner Mutter und meinem Vater zusammen um den Hals. Drei Wochen mit Pferden. Tag und Nacht. Himmlisch. Der erste Urlaub auf dem Ponyhof war ein so toller Erfolg, dass viele weitere auf dem gleichen Reithof folgten. Es war eine spaßige und unbekümmerte Zeit, an die ich mich noch heute gerne zurück erinnere.

Clemens ist für mich heute wieder ein Anker, den ich für gute Gefühle, nicht nur am Pferd, einsetzen kann. Wann immer ich mit Menschen und Pferden zusammen bin, bringe ich mich in den Clemens-Modus. Seine gelassene Art, mit allen Sinnen die eigene Umwelt wahrzunehmen, jederzeit mit dem Herzen und konsequent für sein Ziel zu handeln, hilft mir meine Kunden in ihrer Welt abzuholen. Clemens Art ist der rote Faden im Leben meiner Familie und in meinem Zusammensein mit Menschen und Pferden.

In unserer gesamten Entwicklung sammeln wir Menschen viele Erfahrungen, die unser weiteres Leben steuern. Manche Erfahrungen führen dazu, dass sich Menschen in ihren Wahlmöglichkeiten und in denen ihrer Pferde begrenzen, andere weiten den Raum. Doch egal, welche Erfahrungen wir sammeln, wir können alle dazu nutzen, um uns mehr gute Gefühle und viel Freude zu bereiten sowie eine wachsende Zahl von Wahlmöglichkeiten zu schaffen. Begeben wir uns dazu auf die Reise.

**Der Wiedereinstieg als Erwachsene**

Es vergingen 20 Jahre und ich verlor meinen Traum von Pferden aus den Augen. Meine erstgeborene Tochter erinnerte mich wieder an meinen Pferdetraum. Rückblickend muss ich darüber schmunzeln, wie sich so vieles im Leben wiederholt: mein Vater und ich als Tochter und jetzt meine Tochter und ich als Mutter. Die Szene, wie meine Tochter vor mir stand und sich genauso ein Pony wünschte wie ich damals, war so anrührig. Natürlich häuften sich auch in ihrem Zimmer die Pferdebücher. Wer konnte sie besser verstehen als ich?

Doch mit meiner Mutterrolle wuchs auch die Verantwortung beispielsweise für die Sicherheit meiner Familie. Ich konnte jetzt die Gefühle meiner Mutter in dem Moment gut nachempfinden: „Meine Tochter ist so klein und das Pony so groß. Sie beginnt Interessen außerhalb der Familie zu suchen, sie wird uns irgendwann verlassen." Und natürlich hatte ich Angst um sie so wie meine Mutter um mich.

Mein Ehemann war da anders gestrickt. Sein Motto lautet: Begleite Deine Kinder so lange Du kannst, helfe ihn, wenn sie danach fragen und freue Dich an ihrem Glück. Unsere Töchter durften jedes Klettergerüst besteigen und brauchten keinen Baum zu meiden. Sie durften überall hinaufklettern. „Die Kinder klettern sowieso überall hinauf, so wie sie auch das Laufen gelernt haben. Sie probieren aus, solange bis es funktioniert. Unsere Aufgabe ist es, ihnen zu vertrauen und in der Not für sie da zu sein. Wenn sie beim Laufen fallen, trösten wir, wenn sie von Bäumen purzeln, fangen wir sie auf. Das geht aber nur, wenn wir dabei sind und unsere Kinder es auch erlauben." Eine Bedingung legte mein Ehemann für das Klettern fest: Es darf nur so hoch geklettert werden, wie man alleine ohne Hilfe wieder herunterkommt. Die Ausnahme wurde durch seine Anwesenheit definiert. Dann durften die Kinder so hoch klettern, wie sie sich trauten. Es war ein schöner Schachzug. So wollten unsere Töchter uns gerne beim Klettern dabei haben – natürlich nur, wenn die Ausnahme auch galt.

Als Spaßbremse war ich schnell ausgeschieden. Und da war sie wieder, die Erinnerung an das Nein meiner Mutter, aber auch an die Gelassenheit und Sicherheit von Clemens und natürlich an das Vertrauen meines Vaters, der mir zunickte, als ich Gypsie reiten wollte. Ich dachte an meine Mutter, an ihre Zurückhaltung und an ihr Lachen, als sie merkte, wie ich beim Reiten Erfolg hatte. Und ich wünschte mir, dass sie beide doch noch früher mit mir auf den Reithof gekommen wären, sie hätte sich noch mehr freuen können.

Diese Zeit ist vergangen, ich kann sie nicht zurückholen, es war die Entscheidung meiner Mutter aus ihrer damaligen Sicht. Umso wichtiger war es für mich, dass sie nicht nur meine Freude, sondern auch das Strahlen und den Spaß ihrer Enkelin auf dem Pferd sehen konnte. Und ich habe die Chance es mit diesen Erfahrungen besser zu machen. Ich borgte mir die Gelassenheit von meinem Ehemann und die Freude von meiner Mutter und spürte die innere Stärke meine Tochter loslassen zu können. Aber natürlich unter mütterlicher Verantwortung: Sicherheitsausrüstung beim Reiten, gelassene ruhiger Betreuer und gut ausgebildete Pferde. Ich sagte nicht „Nein", sondern formulierte in unserem Familienrat meine Bedingungen für das Reiten. Natürlich wünschte ich mir insgeheim, dass meine Bedingungen angenommen werden, da ich meinen Kindheitswunsch in der Freude meiner Tochter wieder erleben wollte. Und ich war auch nicht allein, mein Ehemann war bei mir und übernahm seine Verantwortung.

Und wieder erlebte ich ein Deja vu. Mein Ehemann konnte sich genauso schnell wie mein Vater für das Reiten begeistern. Und er wollte noch mehr, er wollte ein eigenes Pferd für die Familie. Also schauten wir Reitställe an unserem Wohnort an und nahmen Reitstunden. Praktischer Weise nahmen wird die Reitstunden in der gleichen Reitschule, in der auch unsere Tochter auf den Ponys mit 6 bis 8 weiteren Kindern pro Gruppe in der Reithalle ihre Kreise zog. Der Reitunterricht war unbeschwert und spaßig Die Trainer waren lustig und die Pferde machten einen sehr sicher ihren Job. In mir kam in jeder Reitstunde wieder ganz zart das unbeschwerte Mädchen zum Vorschein, das früher bei Clemens auf dem großen Axel voltigiert und sich so sehr ein eigenes Pferd gewünscht hatte.

Ich träumte in den Reitstunden davon, endlich draußen in der freien Natur zu reiten, im Galopp über die Stoppelfelder zu fliegen und so viel Zeit mit einem Pferd zu verbringen, wie ich es wollte. Ich wollte frei sein, Abenteuer suchen und wieder die unbeschwerte und sorgenfreie Kinderzeit zurückholen. Unbekümmert und leicht wollte ich durchs Leben reiten. Ich wollte das Gefühl von damals zurück als ich zum ersten Mal auf Gypsie galoppiert war. Heute denke ich gerne an meine Kindheit. Die Erinnerungen daran kann mir keiner nehmen. Sie sind ein wunderschöner Anker, die ich gerne nutze, wenn meine Welt einmal nicht so rosig wirkt.

Träume und Realität sind häufig zwei Paar Schuhe. Als Mutter war ich damals leider noch anders unterwegs. Man kann die unbeschwerte Kinderzeit nicht zurückholen, dachte ich zu dieser Zeit. Mir war damals

noch nicht klar, wer das in meinem Kopf dachte. Mit der Hilfe meines Ehemanns kam ich später auf die Spur meines Schweinehundes. Mehr dazu in unserem Denkmodell.

Eine Mutter hat viel mehr Verantwortung als ein Kind und dessen war ich mehr sehr genau bewusst. Meine Argumentation zum Kauf unseres ersten Familienpferdes wurde wohl durchgedacht und doppelt abgewogen. Sie waren aus meiner damaligen Sicht das Ergebnis eines logischen Denkprozesses mit vielen Gesprächen, Pro- und Contra-Listen und immer mit dem Bedacht, das alle Beteiligten mit der Entscheidung glücklich sein sollten. Mein Wunsch nach Freiheit und Unbeschwertheit aus der Kinderzeit war meine starke, treibende Kraft, meine Verantwortung als Mutter der Hemmschuh. Es war ein Wechselbad der Gefühle zwischen „das geht" und „das geht nicht".

Meine Vorbereitungen waren soweit abgeschlossen und wir schauten uns gemeinsam Pferde an. Bei dem Anblick der Vierbeiner fühlte ich mich wieder in meine Kindheit zurückversetzt. Mein Herz klopfte und ich konnte es kaum glauben, dass mein Traum wahr werden könnte. Die guten, wohl ausformulierten Vorsätze und Listen – was wollte ich nicht alles beachten – schmolzen wie ein Schneefeld in der warmen Frühlingssonne. Es tobte ein innerlicher Kampf zwischen meiner Fee Felizitas mit dem Wunsch nach einem eigenen Pferd und meinem Schweinehund, der die Probleme und Schwierigkeiten aufzählte. Heute schmunzele ich über meine damalige Unentschlossenheit und habe mittlerweile gelernt, auf mein Bauchgefühl zu hören.

Mein Ehemann war wieder einmal anders gestrickt: Locker und stets auf das Gute vertrauend, konnte er rasch und sicher entscheiden und seine Entscheidungen wirkten beschwingt und einfach. Damals hörte mein Ehemann auf sein Bauchgefühl und entschied den Pferdekauf. Für ihn war die Chemie zwischen seiner Frau und dem Pferd wichtig: „Wenn es zwischen beiden schnackelt und die Frau strahlt, dann ist die Entscheidung Gold richtig." Finanziell war alles geklärt.

Ich war mit den ganzen Abwägungen nicht mehr in der Lage, eine Entscheidung zu fällen. Es kam mir vor, als hätte ich zu umständlich über die Anschaffung eines Pferdes nachgedacht – alle Abwägungen kreisten in meinem Kopf, so dass ich den eigentlichen Kauf nicht mehr auf die Reihe bekommen habe. Rückblickend war es eine kurze Herzensentscheidung und mein Ehemann sprach meine Entscheidung aus.

Ich sah eine junge Haflingerstute von 3 Jahren, bildhübsch mit wilder Mähne und, ja ... , eben roh und mit Flausen im Kopf. Trotz ihres noch jungen Alters war sie unter dem Sattel sehr anständig und machte einen entspannten Eindruck auf mich. Sie erfüllte meine Wünsche wieder jung und frei zu sein. Mein Ehemann sah meinen sehnsüchtigen Blick und die Haflingerstute Maxi wurde unser neues Familienmitglied.

Alles um diesen Pferdekauf herum war spannend. Ich freute mich zusammen mit meiner Familie. Sogar meine Eltern nahmen Anteil am Kauf von Maxi und unterstützten uns.

Mein Herz sagte „Ja" und der Rest würde auch schon glatt laufen. Ich glaubte fest daran, dass alles gut wird.

Für mich kam Boxenhaltung nicht in Frage. Unser Pferd sollte mit seinen Artgenossen über Wiesen tollen können. So wählten wir einen Offenstall aus, der direkt an die Reitschule angegliedert war, in der wir unsere Reitstunden nahmen. Es war eine praktische Entscheidung. Wir kannten den Reithof und die kompetente Besitzerin Heidi. Und unsere Kinder hatten dort viele Freunde – was für ein glücklicher Zufall. Ich fühlte mich in meiner Entscheidung bestätigt.

# Wie wir Menschen lernen

**Unbewusste Inkompetenz –
Noch weiß ich nicht, das ich nichts weiß**

Aufgrund meiner Erfahrungen im Umgang mit Pferden aus meinen Kindertagen war ich im festen Glauben, die Aufgabe mit unserer jungen Stute locker meistern zu können. Ich wusste zu diesem Zeitpunkt noch nicht, dass ich eigentlich so gut wie nichts über Pferde wusste.

Es begann damit, dass ich die Stute frisch nach ihrer Ankunft gleich mit in die neue Reithalle nahm und sie frei laufen ließ. Bisher hatte ich Maxi nur ruhig und friedlich erlebt. Haflinger eben. Jetzt war für sie alles neu: neue Menschen, neue Pferde, neue Umgebung. Sobald ich den Strick vom Halfter abgenommen hatte, raste sie durch die Halle wie ein Feuerdrache. Sie schnaubte wild, stand wie ein Hengst in der

Arena und schaute in dieser imposanten Haltung zu mir herüber. Dann schoss sie erneut durch die Halle, drehte ihr Hinterteil in meine Richtung und keilte mit schwungvollen Hinterhandkicks in meine Richtung aus. Dieses Spektakel dauerte fünf Minuten – für mich eine Ewigkeit. Ich konnte mit dieser unbändigen Energie, die aus ihr herausbrach, zu diesem Zeitpunkt nichts anfangen und war total verunsichert. Ich deutete ihr Verhalten als aggressiv und gefährlich. Die Wurzel meines Übels war gelegt. Ich bekam Angst vor dieser Stute und zeigte dies natürlich mit meiner Körpersprache. Es war relativ früh am Morgen und außer mir war niemand auf dem Hof – ich war allein.

Ich hatte bisher nur Pferde erlebt, die schon ausgebildet und aufgrund ihres Alters sehr ruhig waren. Schulpferde halt. Ich glaubte bis zu diesem Zeitpunkt, alle Pferde seien so. Unsere Haflingerstute lehrte mich etwas Neues.

Ich stand an diesem Morgen eine gefühlte Ewigkeit in der Mitte der Reithalle und hatte Angst. Mir gingen tausend Gedanken durch den Kopf: „Hatte die Verkäuferin die Stute mit Medikamenten ruhig gestellt und uns betrogen? Hätte ich bei der Ankaufsuntersuchung doch eine Blutprobe nehmen lassen sollen um das auszuschließen? Danach ist man immer schlauer, typisch. Wie soll ich diese Stute je wieder an den Strick bekommen und sicher aus der Halle den ganzen Weg über den Hof zum Stall zurückführen? Was ist, wenn sie mich über den Haufen rennt?" Meine Gedanken kreisten um alle nur möglichen Horrorszenarien. Irgendwann entschied Maxi, zu mir in die Mitte zu kommen. Sie kam im hektischen Trab auf mich zu und atmete aufgrund der vielen Galopprunden heftig und laut. Ihre Ohren bewegten sich in alle Richtungen und ihr Kopf schnellte nach oben, sobald sie ein Geräusch außerhalb der Halle wahrnahm. Bei mir angekommen, blieb sie aufgeregt um sich blickend vor mir stehen. Ich nahm all meinen Mut zusammen und brachte, die Luft anhaltend vor Spannung, den Strick mit zitternden Händen am Halfter von Maxi an. Sie riss einige Male pfeilschnell ihren Kopf zur Seite, doch ich schaffte es irgendwie, den Panikhaken, der meine Gefühle in diesem Moment Wort wörtlich beschrieb, am Halfter zu befestigen. Mit zitternden Knien führte ich die Stute aus der Halle. Oder sagen wir lieber: Sie rempelte mich zur

Seite und führte mich. Der Weg zum Tor des Offenstalls war lange zehn Meter lang. Übernervös und umständlich öffnete ich das Tor und nahm meiner Stute schlotternd das Halfter vom Kopf. In der Gruppe der anderen Pferde angekommen, war es, als hätte Maxi einen Schalter umgelegt. Sie trottete, so als wäre nichts gewesen, ganz seelenruhig zu ihren Freunden auf die Koppel und begann friedlich zu grasen. So sollte also die Unbeschwertheit mit dem neuen Familienmitglied aussehen. Mit der Lockerheit und Gelassenheit, von der ich so geträumt hatte, hatte mein Zusammensein mit der Stute nichts zu tun.

Wieder zuhause erzählte ich meinem Ehemann von diesem Vorfall. Er nahm mich in den Arm und lächelte mich an: „Beim Kauf hast Du das gesehen, was Du sehen wolltest. Du hast Dich sofort in Maxi verliebt, Dein Herz hat die Führung übernommen. Und damit beim Kauf nichts anbrennt, hat Dein Herz Deine bewussten Abwägungen und Listen mit einem kleinen Trick ausgehebelt. Du wolltest ein entspanntes Pony haben, deshalb hat Dein Herz Deine Wahrnehmung auf Entspannung gelenkt. Du hast durch diese rosarote Herzbrille nur die Zeichen für ein entspanntes, ruhiges Pferd wahrgenommen, die anderen Zeichen wurden ausgeblendet. Du hast nur das Schöne gesehen und Dich wieder als Kind gefüllt." „Toll", dachte ich: „Das fehlt mir noch. Ein Problem mit meinem neuen Pferd und einen Ehemann, der mich auslacht und mir sogar die Verantwortung überträgt. Er hat doch entschieden, nicht ich."

Damals zog ich mich schmollend zurück und sprach am Abend kein Wort mehr mit meinem Ehemann. Ich hoffte, dass der nächste Tag anders verlaufen würde. Mein Herz konnte sich doch nicht so getäuscht haben. Mein Gefühl am nächsten Morgen war nicht im Herzen, sondern in der Magengegend angesiedelt. Es zog meinen Magen auf bedrückende Art zusammen und ließ mein Herz hörbar bis zum Hals pochen: „Wie wird es heute gehen? Bestimmt wird Maxi sich wieder so aufführen und den Zampano spielen. Was hat sie nur gegen mich?"

**ZUM WEITERDENKEN**
Heute muss ich auch über diese Gedanken lachen, dass ich meinem Ehemann die Verantwortung zuschieben wollte. In einer Partnerschaft entscheiden beide, denn beide tragen die Konsequenzen. Falls ich mir gewünscht hätte, mich wieder jung wie ein Kind zu fühlen, so war es mir super gelungen. Nicht nur das ich schon die Freiheit mit dem Pferd schnupperte, nein, mein Ehemann schlüpfte in die Vaterrolle und behandelte mich wie ein Kind, dass nach seinem Kinderherz entscheidet.

Mein Ehemann hat damals das letzte Wort gehabt, aber auch nur weil er sah, dass ich außerstande war, eine verantwortungsbewusste Entscheidung zu treffen. Ich war in einem Ausnahmezustand mit all meinen Kindheitserinnerungen. Ich wollte das Pony haben – egal was passiert. Also war es gut, dass er die Verantwortung mit übernahm und Regeln festsetzte.

## Bewusste Inkompetenz –
## Mir wird klar, das ich nichts weiß – Mensch, bin ich blöd

Der nächste Tag verlief nicht sehr viel anders. Es war zum Glück niemand auf dem Ponyhof zu sehen. Die Schwierigkeiten, die ich mit unserer Stute hatte, brauchte keiner mitzubekommen.

Ich musste allen Mut zusammennehmen, um, ausgestattet mit Halfter und Strick, den Stall mit den Pferden betreten zu können. Die Pferde standen dösend in Grüppchen zusammen. Es war ein entspannter und friedlicher Eindruck, der mich ein wenig beruhigte. Maxi stand sinnig mit drei anderen Pferden dicht am Tor. Sie ließ sich gelassen streicheln und das Halfter anlegen. Ein Teil des dicken Felsbrockens fiel von meinem Herzen. Vielleicht hatte sie gestern nur einen schlechten Tag und heute wird alles anders.

Und wie es anders wurde. Ich wollte mich mit unserer Stute in Bewegung setzen, doch Maxi gab mir klar zu verstehen, dass sie es vorzog, im Stall bei ihren neuen Freundinnen zu bleiben. Ich konnte machen, was ich wollte. Sie stand wie ein Denkmal fest mit dem Boden verankert. Ich flippte aus, schrie und führte einen Kriegstanz auf. Gestern noch unbändig und unerzogen, heute ein Standbild, ein Felsbrocken von 450 kg in meiner Brandung. Rumpelstilzchens Ärger war gegen meinen Wutausbruch  ein laues Lüftchen. Nun hatte ich das Gegenteil vom Tag zuvor. Nach langem Ziehen und Zerren gingen meine Kräfte langsam zu Ende. Zu meiner Verzweiflung setzte Maxi dem ganzen noch die Krone auf. Sie stemmte sich gegen meinen Zug am Strick und ging rückwärts. Meine krampfhaften Versuche, sie vorwärts zu führen, bewegten sie rückwärts. Hallo! Das kann es doch nicht sein. Hilflosigkeit und Frust überkamen mich. Mir standen Tränen in den Augen. Ich nahm Maxi das Halfter ab und ging mit gesenktem Blick und kraftlosen Schritten unverrichteter Dinge aus dem Stall nach Hause. Auch an diesem Abend schwieg ich, mehr aus Schamgefühl. Hatte mein Ehemann doch ein wenig Recht?

Also zurück zu der Basisfrage: Was war mit diesem Pferd passiert? Maxi war bei den Vorbesitzern kreuzbrav und ließ sich sogar reiten. Ich hatte dort auf dem Reithof auf ihr gesessen und war mit ihr in der Halle geritten. Nun war sie drei Tage im neuen Stall und wie ausgewechselt. Ich zweifelte nicht nur an meinen Erfahrungen mit Pferden. Nein, ich hatte offensichtlich nicht einmal das nötigste Wissen, ein Pferd zu führen, es zu verstehen, mit ihm in Kontakt zu kommen und es zu motivieren, gelassen und entspannt mit mir zu gehen. Mein Stolz war am Boden und es musste sich was ändern – ich musste mich ändern, nämlich meinen Umgang mit Maxi. Diese Erkenntnis, etwas nicht zu können, war schmerzhaft. Wer gibt schon gerne zu, dass er etwas nicht kann? Ich in dieser Situation jedenfalls noch nicht.

## Bewusste Kompetenz –
## Wissen erwerben und anwenden – Lernen erfordert Aufmerksamkeit

Ich wollte nicht weiter so inkompetent im Umgang mit meinem Pferd sein und begann, in der Vielzahl der auf dem Markt befindlichen Pferderatgeber zu stöbern. Und es stellte sich heraus, dass ich mir tatsächlich zum eigentlichen Thema Pferd, nämlich Umgang und Pflege, bisher wenig Gedanken gemacht hatte. Erst kaufen, dann weitersehen. Ich verstand die Worte meines Ehemannes zunehmend besser.

Also los: Ich las viele Bücher und schaute im Internet nach guten Trainern. In dem Wust der riesigen Angebotsvielfalt bekam ich Einsicht in unzählige Geschichten von Menschen, die schon viel Erfahrung mit Pferden gemacht hatten. Einige Vorstellungen im Umgang mit Pferden widersprachen sich, andere gingen in eine ähnliche Richtung. Das passende für mich fand ich nicht wirklich. Es war viel Kompetenz auf dem Markt wie in einem Kochbuch. Doch ein Kochrezept ist noch kein wohl schmeckendes Essen. Was ich aber brauchte, war das Gefühl zu spüren, ein Pferd zu führen.

Die nächsten Monate mit unserer Stute waren Testmonate nach dem Prinzip „Versuch und Irrtum." Die von mir und mein momentanes Wissen nachvollziehbaren Anregungen aus den Büchern und von unserer Reitlehrerin probierte ich mit Maxi aus. Das Gefühl, dass ich mir im Zusammensein mit Maxi erhofft hatte, frei und erfreut zu sein, stellte sich jedoch nicht ein. Ich verglich mich mit den „Großen", die ich auf unzähligen Videoclips und DVDs sah. Meine Wahrnehmung ging immer nur in die Richtung, dass andere mit ihren Pferden besser umgehen konnten als ich mit meiner Stute. Was wünschte ich mir? Ich sah Westernreiter und wollte ihre Lässigkeit, ich sah Dressurreiter und wollte ihre Eleganz, ich sah Militaryreiter und wünschte mir deren Mut. Was hatte ich? Ich hatte Anspannung, Unsicherheit, Angst und „Schwarz-Weiß-Denken". Ich fühlte mich wie ein Roboter, der Programme ausführte, die mein Pferd nicht verstand.

Von Flexibilität, Authentizität und Freiheit war ich Welten entfernt. Über einige Monate führte ich das Training von Versuch und Irrtum weiter fort und drehte mich immer mehr in meinem eigenen Saft, in dem sich meine Schweinehunde suhlten: „Das ist unmöglich", „Mein Pferd ist ein Dickschädel", „Maxi will mich eh nur veräppeln" oder „Dieses Pferd ist einfach nur faul" ließen den Kreis, in dem ich mich drehte, immer kleiner werden. Ich sah nur noch Probleme, hörte in allem Kritik und fühlte mich hilflos. Meine Wahrnehmung war negativ ausgerichtet. Meine Fee Felizitas mit ihrer Begeisterung für ein Leben mit Pferden trat mehr und mehr in den Hintergrund.

Ich ließ meinen Kopf hängen und konnte Maxi nicht mehr in die Augen sehen – es tat zu weh, die Kindheitsträume, einen nach dem anderen, platzen zu spüren. Zum Glück glaubte mein Ehemann an mich und an meine Stute. Er fuhr in meiner traurigen Zeit jeden Tag mit den Kindern zu Maxi.

In den folgenden vier Wochen mieden wir das Thema Pferd – ich wollte einfach nicht über Maxi sprechen. Doch dann überwog meine Sehnsucht nach Maxi, der erste Frust war verraucht und natürlich wollte ich sehen, wie meine Familie mit ihr zurechtkommt. Sicherlich hatten auch sie ihre Probleme.

Meine Freude war entsprechend zurückhaltend, als ich die Erfolge meiner Familie sah. Irgendetwas machten sie anders. Maxi folgte ihnen, schoss Pezzibälle vor sich her und erforschte aufspringende

Regenschirme und Sprühflaschen. Sie tollten zusammen herum, frei und unbeschwert. Meine Familie hatte Spaß und ich hatte nichts mehr, keinen Spaß, keine Familie und kein Pferd. Klar, wer bekommt schon gerne so direkt seine eigene Unfähigkeit zu sehen, zu hören und zu spüren? Doch die Wochen Abstand zu Maxi halfen mir. Natürlich auch der Wunsch meines Ehemannes, mich glücklich zu sehen. Und mein Stolz: „Es kann doch nicht sein, dass ich mit meiner Erfahrung und angelesenem Wissen kein Pferd führen kann. Das muss sich ändern. Ich muss mich ändern und meine einschränkenden Glaubenssätze mit mir. Ich muss meinen Schweinehund fort jagen."

Als Personaltrainer standen meinem Mann eine Vielzahl von Möglichkeiten zur Verfügung, meine Wahrnehmung zu lenken, mir gute Gefühle zu bereiten, mir meine Gewohnheiten zu spiegeln und positiv zu verändern sowie meine Aktivitäten zielgerichtet zu leiten. Doch ich musste erst einmal selbst erkennen, dass eine Auseinandersetzung mit mir selbst und meinem Schweinehund meine eigene Freiheit deutlich vergrößert und das Miteinander mit meinem Pferd zu einem harmonischen und beschwingten Tanz werden lässt. Ich lernte, dass man seinen Schweinehund nicht so einfach fortjagen kann. Er ist anhänglich, treu und versteckt sich gerne, wenn man sauer auf ihn ist, um dann doch wieder im ungünstigen Moment aufzutauchen und einem ins Bein zu beißen. Und ich erkannte, dass er mir eigentlich helfen wollte – eine gute Absicht hatte. Wenn man die gute Absicht hinter dem Gegrunze und Gequieke entdeckt, wird er handzahm und friedlich.

Wir begannen mit der Veränderung meiner Wahrnehmung. Die erste Grundregel lautete: Entscheidungen für die Zukunft treffen wir anhand unserer Erfahrungen aus der Vergangenheit.

Mit dem ganzen Trübsal hatte ich genug negative Erfahrungen angesammelt, um in der Zukunft noch mehr problembeladen zu konstruieren. Da schmerzte jede Entscheidung.

Mein Ehemann schlug vor, dass Pferd von hinten aufzuzäumen. Also nicht von der Vergangenheit auf die Zukunft zu schließen, sondern umgekehrt. Ich war skeptisch und den Pferdevergleich fand ich doof. – Mein Ehemann kann so feinfühlig wie ein Holzklotz sein. – Zuerst sollte ich mit meinem Schweinehund sprechen. Schweinehunde antworten nicht gerne, sie stören und grunzen lieber und machen schlechte Gefühle, wenn man an sie denkt – das liegt in der Natur der Schweinehunde. Ich mochte nicht an mein schlechtes Gefühl bei Maxi denken. Die eigene Unfähigkeit fühlte sich gar nicht gut an. Mein Ehemann machte unbeeindruckt weiter: „Frage mal Deinen Schweinehund, was er Dir sagen möchte." Haben Sie schon einmal mit einem Ihrer Schweinehunde gesprochen? Am liebsten hätte ich meinem Ehemann einen Vogel (= Schweinehund) gezeigt.

Wer oder was ist eigentlich diese Schweinehund? Er steht für Erfahrungen aus der Vergangenheit, die uns früher aus brenzligen Situationen halfen. Seit dem taucht er immer mal wieder auch in ähnlichen Situationen auf und torpediert unseren rationalen, mit unserer ganzen Lernerfahrung konstruierten Lösungsweg. Er nistet sich in unser Kopfkino ein und diktiert die damalige, heute veraltete, Lösung. Wenn wir das Gegrunze unseres Schweinehundes nur schwer erkennen können – was in der Natur des Schweinehundes liegt, da er ein Teil von uns ist – , kann es lange dauern, bis wir ihn selbst bemerken Bei mir hat es vier Wochen gedauert, bis mir langsam bewusst wurde, was ich tat: Nämlich Maxi zu meiden.

Mein Schweinehund diktierte mir damals: „Du konntest Maxi gestern nicht führen, also kannst Du es morgen auch nicht." Was war nun die gute Absicht hinter diesem Gegrunze? Ich fragte meinen Ehemann. „Dein Schweinehund beschützt Dich." dozierte er. Personaltrainer sind doch alle gleich, tun so überlegen, haben immer eine Antwort. – Autsch, da hat sich gerade der nächste Schweinehund gemeldet. –

Mein Ehemann führte fort: „Im Reitstall hast Du neuen Frust kennengelernt, das tat weh, Dein Schweinehund möchte, dass Du diese

Erfahrungen nicht noch einmal erlebst, uns sorgt dafür, dass Du lieber in Deiner Komfortzone zu Hause bleibst. Hier bist Du sicher und wirst wegen Deiner Unfähigkeit nicht von anderen ausgelacht."

Wer den Schaden hat, braucht für den Spott nicht zu sorgen. Mein erster Gedanke war, ihm meine Fähigkeiten bei den Unterhaltsforderungen nach der Scheidung zu zeigen. Mein zweiter Gedanke war, er hatte mal wieder Recht. Mein Schweinehund verkrümelte sich langsam. „Okay, lieber Mann. Wie sieht Deine Lösung für mein Dilemma mit Maxi aus?"

„Wir brauchen einen neuen Zugangsweg für die Lösung. Die Vergangenheit kennen wir – die ist nicht gut, aber die Zukunft, die ist noch offen. Da nimmst Du aktuell an, dass sie schlecht wird, aber Du weißt es eigentlich nicht. Das gibt Dir die Möglichkeit, die Zukunft auch positiv zu sehen – einfach an das Gute glauben. Und zwar auf Basis Deiner Fähigkeiten und positiven Erfahrungen, beispielsweise aus anderen Rollen, die Du schon inne hast und super machst, z.B. Deine Rolle als Mutter in der Kindererziehung, Deine Rolle als Physiotherapeutin in der Patientenbehandlung, Deine Rolle als Hauswirtschafterin usw." Das hatte er nett gesagt und ich versetzte meinem Scheidungs-Schweinehund einen Tritt in den Hinterschinken. Liebling, sage es noch einmal, dachte ich.

Mein Ehemann machte weiter: „Du führst die Rollen klasse aus. Diese positiven Erfahrungen und Fähigkeiten sind auf Deiner Habenseite. Die können wir jetzt als Kraftquelle mitnehmen auf Deine Sollseite der Pferdeführung. Mit dieser Energie beantwortest Du jetzt die Fragen: Wie sieht Deine erfolgreiche Pferdeführung aus? Was brauchst Du, damit die Kommunikation zwischen Dir und Maxi klar und erfolgreich verläuft?" „Was für Voraussetzungen sind für Maxi erforderlich, damit sie sich auf ein Miteinander mit Dir einlässt?" Mein Ehemann strahlte und fasste alles zusammen: „Im Klartext: Mit der Vorstellung von positiven Gefühlen am Pferd in der Zukunft, die auf Basis anderer positiver Erfahrungen aus der Vergangenheit erzeugt werden, veränderst Du Deine Fähigkeiten und Deine Aktivität in der Gegenwart, um neue positive Erfahrungen am Pferd für die Vergangenheit zu sammeln.

Ich hatte die Wahl zwischen positiven und negativen Erinnerungen aus der Vergangenheit. Die Wahl gab mir Freiheiten – ein positives Gefühl."

Es ging also um mein Gefühl und meine Fähigkeiten in der Zukunft, um meine Aktivität am Pferd in der Gegenwart zu ändern, die jede Sekunde als Erfahrung zur Vergangenheit werden. Das war für mich zu kompliziert. Irgendwo im Satz stieg ich aus, rollte mit den Augen und schüttelte den Kopf. Die Zukunft veränderte die Gegenwart und damit die Vergangenheit. Was war das für ein Mist. Ich bin mehr der Praktiker und nicht der Theoretiker – das war klar. Also nahm mein Ehemann mich zur Seite und machte. Und ich machte mit. Und mein Ehemann war richtig süß, wenn er dozierte.

Wir definierten meine und Maxis Ziele. Es folgte ein Kennenlernen der Pferdewelt und ein Hineinversetzen in Maxis Welt. Beobachten und wahrnehmen, was Maxi Sicherheit gab, entspannte den Umgang mit ihr. Unterstützt durch meinen lieben Ehemann entwickelte ich für mich und meine Stute Teilziele, die für unser momentanes Können erreichbar und überprüfbar waren. Formulierungen im Umgang mit unserer Stute und auch in den anderen Teilen meines Lebens gestaltete ich positiv, so als würde ich immer alles genau jetzt schon erleben und würde mitten drin im funktionierenden Geschehen stehen. Ich nutzte die psychologischen Werkzeuge zur Weiterentwicklung meiner Fähigkeiten und setzte sie gezielt in meiner Vorstellung ein. Nach einigen Trainingseinheiten mit mir selbst und der Unterstützung meines Mannes begann ich, das Modell meiner Welt mit Pferden aus ganz verschiedenen Blickwinkeln zu betrachten. Nicht nur die anderen konnten etwas mit ihren Pferden. Auch ich konnte mit meinen damals aktuellen Möglichkeiten, meinem Wissen und dem Leistungsstand unserer jungen Stute schon eine ganze Menge gemeinsam mit ihr erreichen.

Ich begab mich also mit meinem Pferd auf den Weg in eine neue Welt. Eine interessante Reise miteinander begann.

Ein weiterer Coach, der meinen Weg mit Pferden maßgeblich beeinflusste, war und ist Michael Geitner. Er wohnte damals in der Nachbarschaft und ich traf zufällig auf seine Sichtweise der Pferdewelt. Zum Glück, denn ich erhielt in dem Kurs, den ich bei Michael in Rechtmehring in Bayern besuchte, einen wichtigen Input, der mein Kopfkino mit meiner Stute von einem Tag auf den anderen veränderte. Seine Botschaft war klar: Es gibt keine Geheimnisse im erfolgreichen Umgang mit Pferden. Das, was für Pferde und für Menschen gleichermaßen zählt, sind Selbstvertrauen, Struktur, Sicherheit und Berechenbarkeit. In den Trainingsmethoden der Dualaktivierung® und der Equikinetic® werden diese grundlegenden Eckpfeiler im erfolgsgekrönten Miteinander von Pferd und Mensch auf sehr einfach nachvollziehbare Weise geschult. Die Struktur, also das System dieser Trainingskonzepte, wird auf jede alltägliche Situation angepasst, gibt Sicherheit und schafft damit eine entspannte Atmosphäre, die Pferd und Mensch brauchen, um nachhaltig zu lernen.

**Unbewusste Kompetenz –**
**Alles läuft automatisch – Hört Lernen hier auf?**

Ich reise nun schon sehr viele Jahre als Trainerin und Coach durch das Leben mit Pferden und Menschen. Mit meiner Familie und den Pferden stehen mir tolle Partner zur Seite, die wertfrei beobachten und die Regeln des Feedbacks auf eine wunderbare Art und Weise beherrschen. So bekomme ich eine stetige Rückmeldung zu dem, was ich tue. Und es ist sehr interessant zu erfahren, wie wir uns selbst wahrnehmen und wie wir auf jemanden wirken, der von außen auf unser Handeln blickt. Auch meine Kunden lade ich im Training gerne dazu ein, mich zu beobachten und mir zu beschreiben, was sie sehen, was sie hören, was sie spüren – also über alle Sinneskanäle wahrzunehmen, was ich mache. Diese Übung sensibilisiert unsere Wahrnehmung und übt das wertfreie Feedback mit „Ich sehe, ich denke, ich sage".

Viele meiner damals noch sehr bewusst ablaufenden Verhaltensweisen und Kompetenzen am Pferd sind heute nicht mehr stetig in meinem Bewusstsein – sie laufen automatisch ab, ohne dass ich groß darüber nachdenken muss. Die automatischen Verhaltensweisen sparen Energie, weil sie schon fertig programmiert sind. Ich brauche kein Gehirnschmalz mehr zum Programmieren verbrauchen. Ich rufe den Autopiloten nur noch ab und schwupp ist er da. So wie wir uns auch einfach in ein Auto setzen und los fahren. Durch das Sitzen im Auto rufen wir den Autopiloten „Autofahren" ab mit all seinen Handlungen wie Kupplung treten, Gaspedal dosieren, Gang einlegen, in die Spiegel schauen. Mit dem Autopiloten hat uns die Evolution ein Werkzeug geschenkt, dass uns viel Energie spart, ohne Nachdenken läuft und stetig verbessert werden kann. Und es können mehrere Autopiloten nebeneinander laufen – das nennt man Multitasking.

So habe ich aus meinen Erfahrungen einen Autopiloten im Umgang mit Pferden entwickelt. Wenn ich mit einem Pferd arbeite, schaltete sich mein Autopilot „Pferdefreude" ein und ich zeige ein gelassenes Handeln am Pferd und gehe wertschätzend mit ihm um. Der Autopilot ist ein selbstverständlicher Teil von mir geworden.

Immer dann, wenn meine Kunden mich fragen, aus welchem Grund ich etwas tue, setze ich mich in meinen Antworten wieder bewusst mit meinem Handeln und meinen Fähigkeiten auseinander und passe meine Antworten an die Welt des Kunden an – ich spreche in ihrer Sprache. Dem entsprechend bitte ich meine Kunden in ihren Aktionen am Pferden mir ebenso zu beschreiben, was sie tun. Damit erhalte ich ein Feedback, was die Kunden tun und denken zu tun und was meine Kunden von meinen Antworten übernehmen konnten und wo ich noch nachjustieren darf. So finden wir gemeinsam auf unserer Reise durch das große Gebiet des „Miteinander seins" unzählige Verhaltensweisen und Fähigkeiten, die das Training nach Vorne bringen und die wir stetig über ein wertfreies Feedback verbessern können. So lernen wir kontinuierlich das, was Pferde uns so oft vorleben: Energie sparen! Auf den Menschen übertragen würde ich sagen: Wir trainieren elegant mit nur wenig Aufwand, wenig Gestik und wenig Sprache unsere Vierbeiner. Wir zeigen unseren Pferden, dass wir auf ihre Energiebilanz achten. Das festigt das Vertrauen der Pferde in unser Training und sie gehen an ihre Leistungsgrenzen in der Erfahrung, dass wir sie nicht überschreiten. Dieses Vorgehen ist ein Grundprinzip in der Dualaktivierung® und Equikinetic®. Beide Trainingsarten bilden wichtige Bestandteile meines Autopiloten „Pferdefreude".

Am Anfang der Reise durch das „Miteinander sein" erscheint uns oft der Eindruck, lernen ist anstrengend – denken sie nur an Ihre ersten Fahrstunden zurück. Unsere eigene gemütliche Zone, die Bequemlichkeit, zu verlassen, braucht Selbstbewusstsein, Mut und den Willen, sich für ein persönliches Ziel einzusetzen. Ich durfte bei meinem Pferd Maxi am eigenen Leib erfahren, was es bedeutet, den eigenen Schweinehund in die Schranken zu weisen und nach vorne zu gehen. Für das Lernen und Erreichen neuer Ziele bedankt sich unser Gehirn mit der Ausschüttung von Glückshormone (Endorphine), die uns in Hochstimmung versetzen. Je mehr wir tun und lernen, umso mehr setzt unser Körper unsere guten Gefühle frei. Durch die eigene Weiterentwicklung lernen wir Neues, Anderes, Gegenteiliges und vielleicht auch scheinbar Unmögliches kennen. Der Spaß am Erfolg steigt. Neue Ziele tauchen am Horizont auf und bald lieben wir es, diesen Weg zu neuen Zielen immer weiter zu gehen. Und was ist, wenn wir unser Ziel erreicht haben? Dann haben wir einen neuen Autopiloten entwickelt, den wir jederzeit abrufen können und der uns neue Freiheiten für neue Abenteuer, für neue automatische Programme gibt. So haben wir erst das Hocken, dann das Krabbeln, Gehen, Laufen und später das Fahrradfahren gelernt.

Vielleicht wird am Ende sogar der Weg das Ziel wie es sich bei mir entwickelt hat. Ich habe Spaß daran, immer neue Fähigkeiten zu erlernen, immer neue Autopiloten zu entwickeln. Ich wünsche es Ihnen auch diesen Spaß. Dieses Buch soll Ihnen für ihren Weg Ideen und Fähigkeiten geben, sich mit Pferden immer wieder neue Glücksmomente setzen zu können.

Was ist, wenn ich mich verzettele? Da hilft ein Tagebuch weiter, das die Erfolge, Irrungen und Wirrungen auf dem Weg zum Ziel festhält – zum Schmunzeln, zum Nacherleben der Freude oder als Wegweiser und Kraftquelle für einen erfolgreichen Weg. Im Kapitel davor habe ich Ihnen an einem eigenen Beispiel aufgezeigt, wie wertvoll Kraftquellen und Ressourcen sein können.

Jeder von uns trägt alle Fähigkeiten in sich, um das zu schaffen, was er sich gemeinsam mit seinem Pferd zum Ziel setzt. Und das Schöne bei Pferden ist, dass wir Menschen mit ihnen einen genialen Partner an unserer Seite, der uns sehr direkt und ehrlich zeigt, ob wir klar in unserer Kommunikation mit uns und ihnen sind. Starten wir gemeinsam unsere Reise und schaffen uns die Freiheit, um mit unseren Pferden zu wachsen!

## Was nehmen wir aus diesem Kapitel mit?

**Unbewusste Inkompetenz**

Unsere Fähigkeiten sind vielschichtig. Eine Unmenge von ihnen nutzen wir täglich im Beruf, in der Familie und Freizeit. Solange alles läuft, leben wir nach dem Spruch: Never change a running system und fühlen uns komfortabel und sicher. Wir befinden uns sozusagen in unserer bequemen Komfortzone und der tägliche Alltag wird von uns automatisch mit Bravur bewältigt.

**Bewusste Inkompetenz**

Erst wenn Situationen uns unangenehme Gefühle bereiten, z.B. beim freiwilligen Verlassen der Komfortzone oder wenn etwas in unsere Komfortzone eindringt, dann merken wir, dass irgendetwas nicht stimmt, dann müssen wir aktiv werden, um unsere Komfortzone wieder aufzubauen.

**Bewusste Kompetenz**

Wir treffen dann eine Entscheidung (in den meisten Fällen unbewusst, da Nachdenken viel Energie verbraucht – auch wir sind Energiesparer): Unser Schweinehund hilft uns dabei. Wir vermeiden die unbequeme Situation, um dem unangenehmen Gefühl aus dem Weg zu gehen (gelingt uns die Vermeidung nicht, erleben wir die unangenehmen Gefühle immer wieder) oder wir verändern aktiv etwas an unserer Art, Situationen wahrzunehmen, unseren Gedanken, unserem Tun und damit an unserem Gefühl. Wir lernen bewusst Neues oder bauen bewusst bekanntes Können weiter aus.

Unser großes Ziel ist, in unserer Komfortzone in Harmonie zu leben. Auf alle äußeren Wünsche, Veränderungen oder Störungen reagieren wir zunächst unbewusst mit bekannte Reaktionen unseres Autopiloten und erst bei Bedarf später bewusst. Unter Autopilot weist uns den Weg. Er ist das Ergebnis eines erfolgreichen Lernprozesses auf eine Disharmonie. Manchmal manövriert er uns in der Gestalt des Schweinehundes auch aus, denn als Energiesparer probiert unser Autopilot alte Glaubenssätze auf neue Situation zu übertragen, was manchmal auch unglücklich laufen kann. Aber dann können wir die

Glaubenssätze ändern oder die Situation meiden. Vier Wochen habe ich die Situation mit meiner Stute Maxi gemieden, bis ich die Kraft entwickelte, meine Glaubenssätze, mit denen ich meine Flucht vor Maxi vor mir rechtfertigte, zu ändern. Unser Schweinehund gibt uns erste Tipps für eine Lösung. Leider stammen sie aus vergangenen Zeiten und bedürfen häufig ein Update. Mit dem Update erhalten wir eine Wahl zwischen den Lösungsvorschlägen.

**Unbewusste Kompetenz**

Unser bewusstes Tun wird durch strukturiertes Üben immer weiter verfeinert und irgendwann ist uns dieses Können selbstverständlich. Wir tun einfach, ohne nachzudenken. Unser Autopilot sorgt mit seinen Programmen für uns, z.B. beim Gehen. Wir würden bei jedem Schritt stolpern, wenn wir aktive die Füße steuern müssten. Durch unseren Autopiloten haben wir unseren Kopf und die Hände frei und können auch noch kleine Kreise beim Longieren des Pferds zu gehen. Wir haben einen tollen Autopiloten, der so viel kann und gerne bereit ist, Neues zu lernen. Nutzen wir ihn, um noch mehr Möglichkeiten für unser Training mit unseren Pferden zu erhalten. Und ganz nebenbei werden wir mit Glücksgefühlen beschenkt.

# Das Denkmodell

**Einleitung**

Bevor ich von Menschen und deren Geschichten auf meinem Weg erzähle, möchte ich ein paar weitere Ideen zu unserem Denken entwickeln. In den vorherigen Kapiteln haben Sie schon vom Schweinehund gehört, der uns gerne in den Po zwickt, uns ausbremst und andere Dinge tut, nur damit wir nicht nach neue Zielen und Wünschen streben, sondern lieber in unserer Komfortzone verharren. Lieber bekanntes Leid als neue Freude. Unsere Vergangenheit ist sicher nicht nur negativ. Alles hat zwei Seiten. Beim Schweinehund ist das die Fee Felizitas, die für die schönen, fröhlichen, freundlichen Erinnerungen steht. Sie führt ein Schattendasein, da wir angenehme Entscheidungen leicht akzeptieren und dann abhaken. Frust nagt tiefer an uns.

Worin liegt nun der Nutzen des Schweinehundes für uns? Er ist ein Teil von uns und doch scheint es, als hätte er andere Interessen als wir? Welche Aufgabe hat die Fee Felizitas und steht sie in Konkurrenz zum Schweinehund? Wie ist überhaupt unser Denken aufgebaut? Nach welchen Regeln denken wir?

Schweinehund             Fee Felizitas

Bevor Sie jetzt weiterlesen, möchte ich sie warnen. Noch leben sie im Tal der Unwissenden, die einfach und automatisch denken ohne zu wissen, wie sie denken. Wenn Sie erst aus der Tränke der Erkenntnis gekostet haben, gibt es keine Rückkehr mehr zu dieser paradiesischen Ahnungslosigkeit. Aber bevor Sie jetzt erschrocken das Buch weglegen, kann ich Sie trösten. Sie dürfen gerne weiter lesen. Unser Autopilot mit dem Schweinehund und der Fee Felizitas ist fest in unseren Köpfen implementiert. Ihn kann so schnell kaum etwas erschüttern und falls doch, dann kommt der Schweinehund aus der Deckung hervor, umgarnt Sie und grunzt Ihnen ins Ohr, mit wie viel anderen schönen Dingen Sie Ihre Freizeit hätte verbringen können, und Sie stellen das Buch als Schmuckstück in den Bücherschrank weg.

Wenn Sie aber die Nase voll haben, wie ihr Schweinehund sie an der Nase herumführt, dann lesen Sie weiter. Mit dem Denkmodell geben Sie ihrer Fee Felizitas Hammer, Amboss und Kettenglieder in die Hand, um ihren Schweinehund an die Kette zu legen. Genug der Vorworte, folgen Sie mir in das Denkmodell.

## Aufbau des Denkmodells

Wir haben negative Glaubenssätze in Form unseres Schweinehundes, der die Aufgabe hat, unsere Komfortzone, unsere Gemütlichkeit und damit uns zu schützen, und ebenso haben wir positive Glaubenssätze von unserer Fee Felizitas, die uns gute Gefühle bereitet und uns positive Pläne für die Zukunft schmieden lässt. Lieben Sie es zum Beispiel, mit Ihrem Pferd entspannte Spaziergänge in der Natur zu unternehmen? Dann sorgt Ihre Fee Felizitas dafür, dass Sie unbewusst Ihre Lieblingswege gehen. Und nebenbei versüßt Ihre Fee den Weg mit Glückshormonen und hält Sie damit bei Laune.

Solange unser Schweinehund in unserem Autopiloten zur Anpassung an unsere Umgebung funktioniert, ist alles in Ordnung. Seine Funktionalität überprüft unser Autopilot stetig mit einem Abgleich seiner Vorstellung, also seiner Vorhersage und dem real eintretenden Ereignis. In dem Moment, in dem die Vorhersage unseres Autopiloten nicht mit dem Erlebten übereinstimmt, schaltet sich unser Bewusstsein ein. Es gibt uns die Möglichkeit, unser Verhalten so anzupassen, dass zukünftige Vorhersagen des Autopiloten wieder eintreffen. Solange wir also an einer Engstelle stehen und nur die friedlich grasende Pferdeherdevariante kennen, läuft unser Autopilot. Erst in dem Moment, in dem die Herde losrennt, passt die Vorhersage „friedlich grasende Herde, alles sicher" nicht mehr mit dem realen Erleben, nämlich „rasende Herde kommt auf mich zu, Gefahr", zusammen. Zuerst greift in diesem Fall das unbewusste automatisierte Fluchtprogramm, ein angeborenes Programm unseres Schweinehundes, um der Gefahr blitzschnell zu entkommen. Wir springen zur Seite. Danach greift das Bewusstsein ein und wir machen uns Gedanken darüber, wie wir diese Gefahrensituation in Zukunft vermeiden können.

Die Abbildung stellt unseren Denkablauf dar. Wir nehmen etwas mit unseren Sinnesorganen wahr (W), verarbeiten es – denken also mit unserem Autopiloten darüber nach (DP) – und reagieren darauf (A). Dies passiert zu einem sehr großen Anteil unbewusst. Unser Autopilot greift auf positive Erfahrungen der Fee Felizitas und auf negative des Schweinehundes zurück.

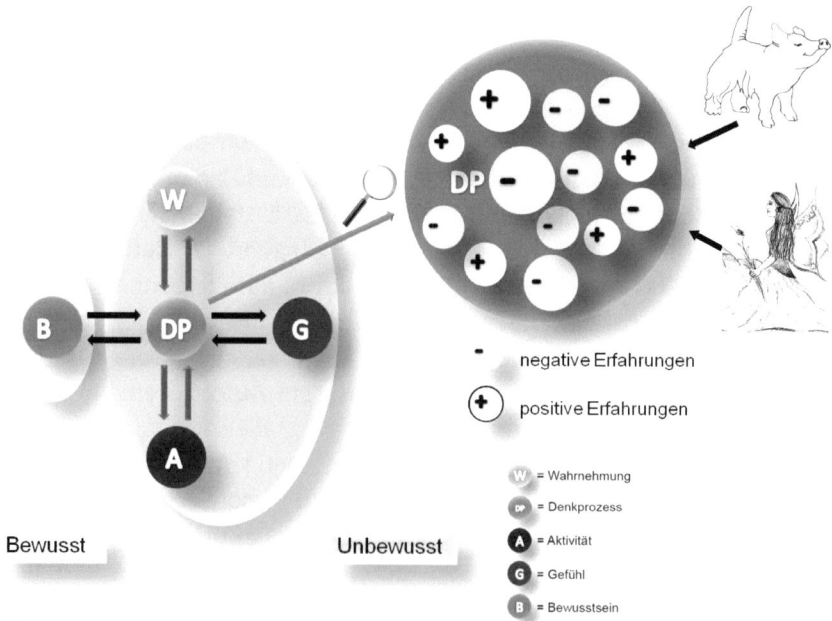

Ein Beispiel am Pferd: Unser Pferd rempelt uns an und tritt uns sogar auf den Fuß. Was wir wahrnehmen, sind Berührung und Schmerz. Der Schmerz ist ein Warnsignal und unser Autopilot bringt uns sofort in Sicherheit, in dem er die Beinmuskulatur beauftragt, den Fuß wegzuziehen. Unsere Reaktion ist das Wegziehen unseres Fußes, wir wollen fliehen, aber der Fuß bewegt sich kein Stück unter dem Gewicht des Pferdes. Wir stemmen uns aktiv mit all unserer Kraft gegen das Pferd, leider mit dem Erfolg das unser Druck Gegendruck vom Pferd erzeugt. Wir können uns nur mit hohem Kraftaufwand und Glück befreien. Eine sehr unangenehme Lage.

Bis hierher laufen all unsere Reaktionen sehr schnell und unbewusst ab. In der ersten Phase haben wir einfach mit dem Autopiloten und den Fluchtprogrammen reagiert, die er aktivieren kann. Bei Schmerz wird sofort zum Schutz unseres Körpers der Fluchtreflex eingeschaltet was zum Schluss ja auch funktioniert hat. Das Pferd hat durch unser Stemmen und Gezappel seinen Huf angehoben.

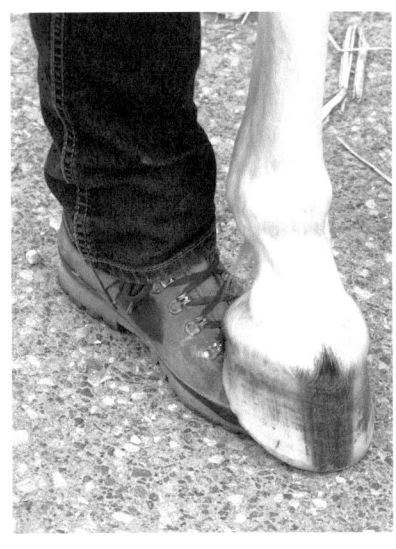

In der zweiten Phase erleben wir noch einmal bewusst den Schmerz nach: „Au, das tat verdammt weh!" Damit wir in Zukunft erst gar nicht in eine so Plattfuß-gefährliche Lage kommen, setzt jetzt unser Bewusstsein ein und lässt den Film von vorne, ab dem Punkt, wo wir neben dem Pferd stehen, ablaufen. Wir sehen und fühlen vor unserem inneren Auge, dass wir den Abstand zum Pferd nicht eingehalten haben. Wir haben unseren Fuß unter den Körper des Pferdes gestellt. Sobald wir in Zukunft wieder unseren Fuß bereits nur unter den Pferdekörper stellen, poppt sofort der Gefühlsanker „Hufgefahr" auf – der Schweinehund quiekt – und wir ziehen den Fuß sofort zurück, bevor unser Fuß wieder verletzt wird. Der Schweinehund hat uns geholfen, dass ist seine positive Absicht. Schwierig wird es und damit manchmal störend, wenn der Schweinehund vor „Hufgefahr" warnt, wenn wir schon an ein Pferd denken. Dann poppt sofort unser schmerzhaftes Gefühl in unserem Autopiloten auf und wir meiden zukünftig unser Pferd, so wie ich es bei Maxi getan habe. Zum Glück heilt die Zeit alle Wunden. Nach vierwöchiger Maxi-Karenz überwogen meine schönen Pferdeerinnerungen wieder, die Fee Felizitas schob sich langsam in den Vordergrund und verdrängte die schlechten Gefühle des Schweinehundes. Die Fee Felizitas erinnert uns an unsere Motivation, an unser glückliches Gefühl, als die Welt mit unserem Pferd noch in Ordnung war. Und sie hilft uns, neue automatische Bewegungsabläufe am Pferd zu lernen, bei denen wir den Fuß seitlich neben das Pferd stellen. Beim Lernen sorgt sie dafür, dass wir auch noch Glücksgefühle spüren, damit wir die Bewegungsabläufe noch intensiver festigen.

Nach vier Wochen fuhr ich im Schutz meiner Familie wieder zu Maxi. Schaute und lernte, wie sich meine Familie mit Maxi bewegte. Meine Fee Felizitas sagte: „Komm, das kannst Du auch, sieh mal, wie viel Spaß die Familie hat und Du hast doch auch Freude mit Deinem Pferd, denk mal an die glücklichen Gefühle beim Kauf und in Deiner Kindheit zurück." Die guten Gefühle der Fee Felizitas haben mir Mut gemacht und die schlechten Gefühle des Schweinehundes in den Hintergrund verdrängt. Die schlechten Gefühl sind nicht verschwunden, sondern warnen mich noch heute am Pferd, vorsichtig zu sein.

Bei Kinder ist die Fee Felizitas sehr stark. Wenn Kinder laufen lernen, wie oft fallen sie hin und stehen doch wieder auf. Ich kann mich sehr gut an die glücklichen Gesichter meiner Töchter erinnern, als sie die ersten Wege durch das Wohnzimmer gemeistert haben.

Das Denkmodell veranschaulicht, wie schön, einfach und unbewusst unser Autopilot mit seinem Schweinehund und seiner Fee Felizitas unser tägliches Leben mit und ohne Pferde organisiert. Das Bewusstsein muss erst eingreifen, wenn die Harmonie zwischen Vorhersage des Autopiloten „meinen Fuß kann ich sicher unter dem Pferdebauch abstellen, mein Pferd ist so lieb" und dem wirklichen Erleben

„oder auch nicht" gestört wird. Dann sorgt unser Bewusstsein für zukünftige Lösungen: Abstand zum Pferd, Schuhe mit Stahlkappen etc.

Das Modell veranschaulicht, wie wir bewusst in allen Bereichen etwas verändern können. Das Ziel ist, ein besseres Gefühl zu entwickeln, das uns beflügelt und uns anspornt, weiter zu machen.

## Wahrnehmung

Lassen Sie uns detaillierter in das Denkmodell einsteigen. Beginnen möchte ich mit der Wahrnehmung und einer kleinen Geschichte.

Frau Ängstlich und Ronja standen am Rand des Reitplatzes und beobachteten ihre gemeinsame Nachbarin Petra beim Reiten in der Reitstunde. Alles sah sehr entspannt und harmonisch aus. Die Stimmung in der Reitbahn war ausgelassen und heiter. Petra trabte auf ihrem 1,80 m großen, schwarzglänzenden Wallach Shining in der Reitbahn, lachte über eine Anmerkung der Reitlehrerin und streichelte ihrem Pferd lobend über die Mähne. Plötzlich erhob sich eine gelbe Plastiktüte durch einen Windstoß auf dem angrenzenden Feld und tänzelte durch die Luft. Im Bruchteil einer Sekunde wendete Shining den Blick erschrocken in Richtung des aufsteigenden unbekannten Flugobjektes, nahm blitzschnell sein ganzes Gewicht auf die Hinterhand, drehte sich pfeilschnell in die entgegengesetzte Richtung und floh bockend vor dem gelben Ungeheuer. Petra konnte nicht schnell genug aus dem entspannten Streichelmodus reagieren. Mit einem Aufschrei des Schreckens fiel sie auf den Sand des Reitplatzes und rollte über ihre Körperlängsachse ab. Sie blieb einen kurzen Moment liegen und stand dann schnell wieder sicher auf ihren Beinen. Ihr war zum Glück nichts passiert. Sie sprach lachend mit der Reitlehrerin. Shining stand nach einer Runde im bockenden Galopp wieder ruhig neben den beiden Frauen in der Mitte der Reitbahn.

Was meinen Sie? Was dachten die beiden Zuschauerinnen in dieser Situation?

Person 1: Frau Ängstlich fing im Erwachsenenalter an zu reiten. Nach einem schweren Reitunfall vor 5 Jahren wollte sie nun wieder mit dem Reiten beginnen. Sie war auf Empfehlung ihrer Nachbarin Petra hier, um sich in der Reitschule für einen Wochenendkurs „Angstfreies Reiten" anzumelden.

Person 2 ist Ronja. Sie war 16 Jahre alt und hatte auf dem Reithof ihr eigenes Pony stehen. Sie ritt schon seit dem dritten Lebensjahr, startete mit ihrem Pony sehr erfolgreich auf Geschicklichkeitsturnieren im Umkreis ihres Wohnortes und ritt häufig nur mit Halsring und ohne Sattel kreative Geschicklichkeitsaufgaben in allen drei Gangarten. Natürlich am liebsten im Galopp. Auch sie war schon einige Male von ihrem Pony gefallen.

Frau Ängstlich hat Shining bocken und Petra fallen sehen. Vor Schreck hielt sie die Luft an und erstarrte. Ihre Hand legte sich vor ihren Mund, um den Aufschrei des Entsetzens zu unterdrücken. Ihr Schweinhund ließ den Kinofilm vom damaligen Sturz wieder in ihrem Bewusstsein ablaufen. Sie hatte sofort den Geruch von feuchter Erde in der Nase und einen eisernen Blutgeschmack im Mund. Beim Aufschrei von Petra suchten ihre Hände festen Halt am Zaun des Reitplatzes. Ihr Gesicht verzog sich mitfühlend und schmerzverzerrt. Sie litt mit der Reiterin mit und ein Gefühl von Übelkeit und Schwindel stieg in ihr auf.

Ronja hingegen lockerte ihre Körperhaltung als sie die Plastiktüte auffliegen sah und ging gedanklich mit den schnellen Bewegungen des Pferdes mit. Sie roch das Pferd, als es am Zaun des Reitplatzes an ihr vorüberstürmte. Sie hatte den frischen minzigen Geschmack ihres Kaugummis im Mund. Das gleichmäßige Schlagen des Hammers auf den Ambos vom Hufschmied, der auf dem Reithof gerade ein Pferd beschlug, fand den Weg in ihre Ohren. Ihre Hände steckten lässig in ihren Hosentaschen.

Frau Ängstlich wurde blass und verließ ihren Platz als Zuschauerin an der Reitbahn. Ohne sich zu dem Wochenendkurs für ängstliche Reiter anzumelden, fuhr sie schnell mit ihrem Fahrrad nach Hause. Wenige Tage später war sie Mitglied im Yoga-Club ihres Heimatortes. Ihr Schweinehund leistete ganz Arbeit, um sie vor dem Reiten zu bewahren. Im Yoga-Club war die Chance minimal mit einem Pferd in Kontakt zu kommen.

Ronja trainierte noch am selben Tag mit ihrem Pony auf dem Platz. Sie hatte am Zaun zwei Plastiktüten festgeknotet, die im Wind flatterten. Ihr Pony hielt die Plastiktüten für nicht sehr bemerkenswert und ritt in allen drei Gangarten entspannt darauf zu und dann daran vorbei. Ihre neueste Geschicklichkeitsaufgabe mit ihrem Pony war das Durchreiten eines Plastikplanentunnels. Ihre Fee Felicitas nutzte die Aktion, um ein bekanntes „Auf-einem-bockenden-Pferd-sitzen-bleiben"-Programm dem Autopiloten zum intensiven Training vorzuschlagen.

Zwei Menschen mit unterschiedlichen Erfahrungen nehmen dieselbe Situation vollkommen unterschiedlich wahr und bewerten sie demzufolge individuell anders. Entscheidend sind dabei ihre Erfahrungen.

Dem Denkmodell entsprechend sind bei beiden völlig unterschiedliche Gefühle zur gleichen Situation abgespeichert. Frau Ängstlich hat ein einschneidendes Negativerlebnis durch ihren Sturz vor 5 Jahren. Dieses Erlebnis überlagert alle positiven Erfahrungen mit Pferden und dem Reiten. Sie mochte diese Situation nicht noch einmal erleben und entschied sich deshalb lieber für einen Yogakurs. Ihr Schweinehund nahm die Situation zum Anlass, klar zu sagen, in welchem Feld die Interessen von ihr liegen würden. Auch wenn der Schweinehund vielleicht übertrieben reagiert, Frau Ängstlich ist ein vorsichtiger Mensch, die mehr handelt im Sinne von „weg von" als „hin zu". Ihr Wasserglas ist halb leer.

Auch wenn Yoga offensichtlich nur wenig mit dem Reiten zu tun hat, war dieser Schritt für Frau Ängstlich sehr wichtig. Im Yoga fühlte sie sich sicher und entspannt. Sie trainierte dreimal die Woche im Studio und zweimal bei sich zuhause. Ihr Körpergefühl und ihre Koordinationsfähigkeit verbesserten sich nach 2 Jahren Training so sehr, dass sie einen weiteren Anlauf nahm und einen Kurs „Falltraining für ängstliche Reiter" buchte. Danach folgte der Reitkurs „Reiten für ängstliche Reiter". Frau Ängstlich nahm seit dem wöchentlich eine Reitstunde und war überglücklich. Sie hatte nichts anderes getan, als ihr Tun zu verändern. Durch ihre Teilnahme an einem Yogakurs gewann sie eine

bessere Körperkoordination und ging aufrechter und auch aufmerksamer durch ihr Leben.

Durch den aufrechteren Gang und ihre damit gewonnene Offenheit war sie sehr viel interessierter an dem Geschehen um sie herum. Sie lächelte viel häufiger als früher und schloss entsprechend mehr Kontakte. Eine Bekannte aus dem Yoga lud sie ein, auf ihrem total entspannten Pferd zu reiten. Sie schwärmte ihr vor, wie sehr Yoga und das Zusammensein mit Pferden zusammenpassen. So kam Frau Ängstlich mit Hilfe ihrer Fee Felizitas, die ihr den Lernweg durch kleine Schritte begehbar machte, und heilende Zeit wieder zum Reiten.

Im Vergleich zu Frau Ängstlich hat Ronja bisher selbst Stürze als erfolgreich bestandenes Erlebnis gespeichert. Schon deshalb, weil Kinder mit Missgeschicken natürlicher und unbeschwerter umgehen als Erwachsene. Ronja plante daher mit ihrem Erleben der Situation und dem damit verbunden positiven Gefühl ihr Training weiter. Dieses gute Gefühl wollte sie wieder erleben, trainierte mit Plastiktüten und entwickelte so eine neue Idee mit dem Plastikplanentunnel. Sie sammelte so mit ihrer Fee Felizitas weitere positive Gefühle und entwickelte sich damit weiter. Ihr Wasserglass ist halb voll.

Wir sehen also, dass Erfahrungen aus der Vergangenheit ganz eng damit verbunden sind, wie wir eine Situation bewerten. Es entspricht unserem Naturell, dass wir schwerpunktmäßig negativ geprägt sind, also schlechte Erfahrungen viel besser behalten als gute. Dies ist ja auch sinnvoll, um unser Überleben zu sichern. Als Erwachsene haben wir viel Verantwortung zu tragen und können uns Verletzungen nicht leisten. Unser Schweinehund sorgt dafür, dass wir auch mit etwas weniger Glücksgefühlen zufrieden sind. Er bestimmt unsere Komfortzone und quiekt sofort auf, wenn uns unsere Fee Felizitas aus dieser Zone mit neuen Glückgefühlen locken will.

Wie können wir jetzt unsere Wahrnehmung verändern, um unser Denken in eine Richtung zu lenken, die uns Glücksgefühle gibt? Wie können wir unsere Fee Felizitas aktivieren?

Und nun kommen Sie an die Reihe. Nehmen Sie sich einen Zettel und einen Stift, zeichnen sie eine Tabelle mit zwei Spalten und schreiben Sie oben über die linke Spalte ein - und über die rechte ein +.

| - | + |
|---|---|
|   |   |
|   |   |
|   |   |
|   |   |
|   |   |
|   |   |
|   |   |

Nun füllen Sie beide Tabellenspalten mit Eigenschaften ihres Pferdes. Unter dem + alle, die sie mögen, und unter dem - alle, die sie stören. Mit welcher Spalte sie beginnen ist egal.

Lassen Sie sich Zeit für diese Aufgabe und lauschen Sie auf Ihr Bauchgefühl.

Sie haben die Tabelle jetzt ausgefüllt? Auf welcher Seite stehen mehr Eigenschaften? Links auf der Minusseite oder rechts auf der Plusseite?

Ist die linke Spalte Ihrer Tabelle gefüllter, ist dies nach unserem Denkmodell als vorsichtiger Mensch nachvollziehbar. Aufgrund unseres Sicherheitsbedürfnisses sind wir eben eher negativ gepolt und achten mehr auf das, was uns unangenehme Gefühle beschert und uns schaden könnte.

Haben Sie mehr Eigenschaften auf der rechten, positiven Tabellenspalte, gehört Ihnen an dieser Stelle ein Glückwunsch. Sie haben bereits den Schritt getan und haben das geschafft, was ich meinen Kunden zur positiv gelenkten Wahrnehmung im Training anbiete: „Richten Sie Ihre Wahrnehmung auf das Positive." Es klingt sehr simpel, eigentlich so simpel, dass viele Kunden mich bei dieser Aufforderung zuerst sehr verblüfft ansehen. Doch bei dieser kleinen Übung fällt vielen von ihnen auf, dass diese positive Ausrichtung der Wahrnehmung gar nicht so einfach umzusetzen ist. Wir trainieren unsere Fee Felizitas ja nicht so häufig.

Ein weiterer Test: Halten Sie sich einmal ganz entspannt in einem Bereich Ihres Stalles auf, an dem mehrere Menschen mit Pferden zusammen sind. Nun richten Sie Ihre Wahrnehmung auf das, was um Sie herum gesprochen wird. Passt von den Aussagen mehr in die Positivliste oder mehr in die Negativliste? Wenn Sie nicht gerade in einem Stall stehen, in dem bereits alle Einstaller mit ihren Pferden an einem Kurs für erfolgreiche Kommunikation mit Pferden teilgenommen haben und das Gelernte erfolgreich umsetzen, ist die Liste mit dem Minus-Strich vermutlich etwas voller. „Nicht so rumzappeln!", „Lass das!", „Du bist ja heute wieder total daneben!", oder „Lass doch mal dieses ewige Zupfen an mir sein!" sind nur einige Beispiele, die mir Kunden nennen, wenn sie diese Übung gemacht haben.

Als dritten Test zählen sie einfach einmal ganz bewusst mit, wie oft Sie ihr Pferd innerhalb von zehn Minuten vom Holen aus der Box, vom Paddock oder von der Weide bis zum Eintreten in die Halle für alles loben, was es richtig gemacht hat. Stelle ich meinen Kunden diese Aufgabe, haben bisher nur sehr wenige ihr Pferd dafür gelobt, das es auf den Menschen wartete und sich das Halfter überstreifen ließ. Warum loben wir so selten? Weil wir diese Dinge als selbstverständlich hinnehmen und sie gar nicht mehr bewusst wahrnehmen. Unsere Fee Felizitas wird leider nur aktiv, wenn wir neue Verhaltensweisen lernen. Gewohnte Aktionen, die gut laufen, bemerken wir nicht, da sie keinen neuen Lerninhalt bieten. Es klappt ja. Mit dem bewussten Loben für gelungene Aktionen lenken wir das Interesse unserer Fee Felizitas wieder daraufhin und erhalten zum Dank von Ihr Glücksgefühle.

Meine Empfehlung ist, einfach mehr loben - auch immer wieder für das Verhalten, was Ihnen ihr Pferd wie erwartet präsentiert. Dieses Loben von Erwünschtem trainiert intensiv ihre Wahrnehmung in Bezug auf das Positive. Es ist eine gute Vorübung zur Erarbeitung von erfolgreichen Trainingsplänen. Nutzen Sie Ihre Fee Felizitas für sich.

Im Reithof des Lernens werden wir noch darauf eingehen, wie Sie lernen, vorhandene Fähigkeiten von sich und Ihrem Pferd zu erkennen und sie für ein Ziel im Training einsetzen.

**Denken**

Auch unser Denken ist zum größten Teil problemorientiert. Die negativen Gefühle des Schweinehundes überwiegen die positiven der Fee Felizitas. Als ehemaliges Beutetier ist bei uns Menschen noch fest die Abwägungsregel verankert: Lieber eine Gefahr meiden, als ein neues Glück finden. Schuster bleib bei deinem Leisten, bleib in deiner Komfortzone, in der die Gefahren und die Freuden bekannt sind (bekannte Freuden machen keine Glücksgefühle).

Wenn ich Kunden offen frage, was sie an der Beziehung zu ihrem Pferd verändern wollen, erzählt zunächst ein großer Teil, was alles nicht funktioniert. Und das in den schillerndsten Farben und bis ins kleinste Detail. Der Schweinehund merkt sich alles und gern immer wieder, um die besten Argumente gegen etwas zu haben. Dabei schreckt er auch nicht zurück, die Wahrnehmung auf negative Erfahrungen zu lenken und die positiven auszublenden. Wie schon gesagt, er sorgt für unsere Sicherheit, die unser höchstes Gut ist. Da ist jedes Mittel von der Übertreibung (ein Sturz vom Pferd ist tödlich) bis zur Informationsfälschung (Pferde sind unberechenbar, man kann ihnen nicht trauen) willkommen. Leider hilft uns das beim Training nicht weiter.

> **ZUM WEITERDENKEN**
> Interessant wird das Handeln des Schweinehundes unter dem Blickwinkel des in der Psychologie bekannten Wahrnehmungsfehlers. Wir Menschen bewerten bei der Erinnerung an Erlebnisse, diese als wahrscheinlicher, die mit großem Knall und Blut und Schrecken abgelaufen sind. Manche Menschen meiden Flugzeuge, da sie in der Vergangenheit im Fernsehen einen Flugzeugabsturz mit schrecklichen Bildern verfolgt haben. Gleichzeitig zünden sie sich aber eine Zigarette an. Am den Folgen vom Rauchen sterben statistisch mehr Menschen als an Flugzeugabstürzen und dennoch rauchen manche Menschen und meiden Flugzeuge – das ist der Wahrnehmungsfehler, die fehlerhafte Risikoabschätzung für ein zukünftiges Verhalten. Der Schweinehund müsste bei jeder Zigarette aufquieken, doch er schweigt. Beim Rauchen hat unser Schweinhund seine Warnfunktion verloren. Rauchen ist damit eine Sucht. Unsere Schutzmechanismen greifen hier nicht mehr.

Bei negativen Antworten bleibt offen, welches Verhalten gewünscht ist. Eine andere Fragestellung öffnet dem Kunden die Fähigkeit, die Lösung für das Problem zu formulieren – sie wird auch die Wunderfrage genannt und spricht unsere Fee Felizitas an: „Angenommen, Sie gehen nach unserem Training nach Hause, machen sich mit Ihrem Liebsten noch einen schönen Abend, gehen dann ins Bett und schlafen ruhig und gut. Nur mal angenommen, im Schlaf erschiene Ihnen eine gute Fee, die Ihre Probleme mit Ihrem Pferd über Nacht lösen würde. Woran würden Sie am nächsten Tag auf dem Hof bei Ihrem Pferd merken, dass sich etwas geändert hat?"

Mit der Annahme, dass das Problem gelöst wurden und die Zusammenarbeit mit ihrem Pferd sich zum Positiven gewendet hat, nehmen meine Kunden die positiven Veränderungen war und sehen nun die Lösungen, die diese positiven Veränderungen bewirkt haben. Der Schweinehund, der normalerweise bei dem Problem sofort gequiekt und unsere lösungsorientierte Fee Felizitas in die Ecke gedrängt hätte, schweigt, da das Problem bereits gelöst ist – wozu noch warnen. Unsere Fee Felizitas freut sich und darf ihren Job machen. Sie liebt es Aufgaben zu lösen und Neues auszuprobieren.

Für unseren Autopiloten ist es nicht entscheidend, ob wir uns real in einer Situation befinden oder wir uns nur vorstellen, dort zu sein. Wir entwickeln genau die gleichen Gefühle in der realen wie auch imaginären Situation.

Wenn ich an mein letztes Weihnachtsfest zurück denke, wird mir sofort warm um das Herz. An das schummerige Licht von den warmen Kerzen, an den hellerleuchteten Weihnachtsbaum mit all den Geschenken zu seinem Stamm, an die fröhlichen Gesichter meiner Familie, an den süßen Geruch von Lebkuchen. Ich spüre, wie wir ganz eng um das Geschenk von den Großeltern herumsitzen und aufgeregt raten, was wohl in dem Geschenk sein könnte. Wie geht es Ihnen, wenn Sie an ihr letztes Weihnachtsfest zurückdenken? Vielleicht ähnlich oder vielleicht ganz anders. Ich wünsche mir, dass Sie wie ich diese Geborgenheit und Sinnlichkeit in der Familie fühlen. Es ist so herrlich.

Merken Sie, wie sich in Ihrem Kopf das Bild mit der Musik und dem Duft der Speisen entwickelt und Sie vielleicht ein wenig in sich hinein lächeln. Dieses tolle Gefühl wird von unseren Glückhormonen gezaubert und zwar jedes Mal, wenn wir an das Weihnachtsfest denken. Diese Vorstellung können wir mit in die Zukunft nehmen und uns das nächste Weihnachtsfest vorstellen. Und sofort fallen uns Dinge ein, die uns helfen, ein noch schöneres Weihnachtsfest zu erleben.

Diesen Ideenreichtum übertragen wir auf die Beziehung mit unseren Pferden. Wir erinnern uns an unsere positiven, schönen Erinnerungen mit unserem Pferd, sehen sie vor unserem geistigen Auge, hören sie und spüren sie nach. Unser Lächeln nehmen wir mit in die Zukunft und stellen uns vor, was wir mit unserem Pferd machen möchten. Schon fallen uns Wege und Lösungen ein, wie wir zu unserem Ziel kommen. Wir haben alle Fähigkeiten, die wir für ein erfolgreiches Training brauchen – nutzen wir sie für uns. Nutzen wir unsere Fee Felizitas. Unser Gehirn braucht zum Denken klare positive Anweisungen, einen eindeutigen Auftrag.

## Aktivität

Auch mit unserer Aktivität können wir erfolgreiches Denken und Leben gestalten. Denken wir nur an Frau Ängstlich aus dem Kapitel Wahrnehmung. Sie hat gehandelt und sich lieber erst für Yoga entschieden und das Reiten für später im Hinterkopf behalten. Mit den Körperübungen auf der Matte hat sie Sicherheit und Selbstvertrauen gewonnen und ist am Ende über ihre dadurch entstandene Offenheit und körperliche wie geistige Flexibilität mit einem guten Gefühl zum Reiten zurückgekehrt. Einfach tun!

Und es geht noch einfacher. Lassen Sie uns eine kleine Übung machen. Rollen sie Ihre Schulter nach vorne ein, ziehen Sie ihren Kopf zwischen die Schultern. Merken Sie schon, wie in Ihnen ein trauriges, abgeschlagenes Gefühl aufsteigt. Versuchen Sie jetzt aus dieser Position herzhaft zu lachen – das ist nur schwer möglich, eigentlich geht es gar nicht. Wer gelacht hat, hat sich dabei sofort aufgerichtet. Und das ist die Gegenprobe. Jetzt richten Sie sich auf, nehmen den Kopf hoch, Ihre Schultern zurück und lachen nach Herzenslust. Das funktioniert, macht Spaß und steckt ihre ganze Umgebung an. Allein mit unserer Körperhaltung können wir unsere Gefühle steuern.

Wer gestresst und entnervt vom Job zum Pferdestall hetzt, wird ein zappelndes, tänzelndes Pferd antreffen, das dann noch das i-Tüpfelchen auf den stressigen Tag aufsetzt. Klar, den Arbeitstag kann man sich nicht immer aussuchen, nur was kann die Umgebung und unser Pferd dafür. Durch Entspannungsübungen mit einer positiven Vorstellung, wie schön es beim Pferd sein wird, können wir lernen, unsere Energie langsam herunter zu regeln. Mit der positiven Vorstellung am Pferd wird unser Gehirn alles tun, um es wahr werden zu lassen. Denn es liebt die Harmonie und deutet gerne die Umweltinformationen positiv um. Dann gehen Sie zu Ihrem Pferd. Dinge, über die Sie sich normalerweise geärgert hätten, sind jetzt nicht so wichtig und passieren einfach. Ihr Gefühl bleibt weiter beim Pferd und dreht sich nicht, um die umgefallene Putzbox. Das Pferd spürt, dass Sie bei ihm sind und ist dann auch bei Ihnen.

Wenn Sie für die Entspannung 30 min investieren, sparen Sie die Zeit locker beim Putzen und Satteln wieder ein und können einem ruhigen, gelassenen Abendritt entgegensehen.

## Gefühle

Gefühle sparen uns Zeit und Energie. Die positiven Gefühle haben wir der Fee Felizitas, die negativen Gefühle dem Schweinehund zugeschrieben. Beide helfen uns Entscheidungen zu treffen. Unser Bauchgefühl ist ein umfassendes Gefühl, in das alle unsere Erfahrungen unbewusst hinein strahlen. Es hat die Fähigkeit alle Für und Wider in kürzester Zeit abzuwägen und zeigt uns den Weg.

Als ich meine Stute Maxi gekauft habe, habe ich Listen geschrieben, Für und Wider bewusst abgewogen, Argumentationsschleifen für meinen Ehemann vorbereitet und alles noch einmal genau überlegt und nachhaltig durchdacht. Aber sobald ich ein gutes Argument für den Kauf gefunden hatte, fiel mir sofort ein Gegenargument ein. Zum Schluss war ich verwirrt und wusste nicht mehr, was gut oder falsch war.

Mein Ehemann nahm mich zur Seite, legte die Listen weg und fragte nur: Welches Gefühl hast Du, wenn Du an Maxi denkst? Was sagt Dir Dein Bauchgefühl? Und ich antwortete wie ein Schulmädchen: „Maxi ist sooo süß, ich fühle mich bei ihr glücklich. Ich spüre meine kindliche Unbeschwertheit zurückkehren, wie damals mit den Pferden in den Reiterferien– es ist so schön." Mein Ehemann war damals schon ein Zeit- und Energiesparer oder einfach pragmatisch veranlagt. Er wusste, dass ich so lange argumentieren würde, bis er ja zum Ponykauf sagen würde. Also warum Zeit und Energie verschwenden – lieber die Zeit mit einer glücklichen Ehefrau verbringen, die sich auf ihr Pony freut. Natürlich wurde ein Ökocheck durchgeführt, es wurden die Finanzen für eine Pferdehaltung geprüft.

In den Wochen bis zur Übergabe des Ponys schwebte ich wie auf Wolken. Gefühle sind in unserem Leben sehr wichtig. Sie können uns in Form des Schweinehundes im Weg stehen und uns daran hindern, etwas zu verändern, oder uns als Fee Felizitas beflügeln, uns glücklich machen und uns stärken für neue Abenteuer.

In der Geschichte des Trainings von Moon und Birgit, die wir noch im Kapitel „Flucht- und Beutetier sein" wiedertreffen, habe ich Birgit mit Hilfe eines guten Gefühls aus einem Erlebnis mit ihrer Tochter die Stärke und Ruhe geben können, die sie für die Lösung einer Aufgabe mit ihrem Wallach gebraucht hat. Alle in uns abgespeicherten Gefühle, sind nichts anderes als Entscheidungsprogramme des Unbewussten – unseres Autopiloten – für zukünftige Herausforderungen. Wir können sie nutzen, um unser Denken für einen erfolgreichen Umgang mit unseren Pferden auszurichten.

**Einfach Denken! Aber schnell bitte!**

Einfach Denken klingt so simpel. Aber was müssen wir alles bedenken, wenn wir eine Herausforderung annehmen. Bei meinen Anfängen mit Maxi kreisten meine Gedanken nicht nur um die Führung des Pferdes, sondern sie explodierten förmlich in alle Richtungen meines Lebens. Zuerst schoss mir durch den Kopf: „Was denkt meine Familie von mir. Erst schwärme ich ihnen von Pferden vor, erzähle – wohl etwas verklärt – von meinen Kindheitserfahrungen und wie toll und souverän ich den riesen Wallach Axel geführt habe, und dann, vergrabe ich mich daheim. Dazu die finanziellen Beträge, die jeden Tag aus dem Fenster fliegen, für ein Pferd, das ich ..." - und ich nahm auch für meine Familie an – „ ... nicht händeln könnte, also keinen Gegenwert in Spaß erhalte." Und noch vieles mehr.

Wir müssen uns gar nicht großartig anstrengen, um Horrorszenarien zu entwickeln; das ist uns angeboren und erfolgreich automatisiert. Unser Schweinehund ist gerne sofort dabei, wenn wir uns in unserer „Kopfmatsche" suhlen wollen.

Dieser Wust von Gedanken plus das Gequieke unseres Schweinehundes blockieren unseren Kopf und wir können nicht mehr klar und einfach denken. Wir sehen den Wald vor lauter Bäumen nicht mehr. Die ganzen Horrorszenarien versperren uns den Weg zur Lösung. Einfach denken – aber bitte schnell. Wir haben keine Zeit lange zu überlegen. So greift unser Kopf einfach auf unsere uralten Glaubenssätze und Erfahrungsschätze zurück – auch wenn sie nur halb passen und das Desaster vielleicht auf längere Sicht noch vergrößern. Für den Moment wird es schon funktionieren und unser Überleben sichern. Und da unsere Ahnen Beutetiere waren, treibt uns unser alter Schweinehund zu Flucht und Vermeidung an. Es war für unsere Vorfahren eindeutig überlebenssichernder, beim Auftauchen des Säbelzahntigers zu fliehen, als zu probieren, ihn als Fleischhappen auf den Grill zu legen.

Der Vollständigkeit halber sei erwähnt, dass es noch einen weiteren uralten Glaubenssatz gibt: den Kampf. Auch wir Menschen können Gewalt gegenüber anderen Lebewesen ausüben. Leider kam ich einmal auf eine Situation zu, in der Menschen mit Peitschen versucht haben, ein Pferd in die offene Stallbox hineinzutreiben, was ihnen jedoch nicht gelang. Zum Glück durfte ich die Situation entschärfen und das Pferd in die Box führen, bevor jemand verletzt wurde.

Wir Menschen haben uns durch die Evolution weiter entwickeln dürfen. Wir haben mehr Fähigkeiten als Flucht, Vermeidung oder Kampf erworben. Mit Hilfe unserer Fähigkeit bewusst zu denken, haben wir die Möglichkeit, auf Veränderungen um uns herum angemessen zu reagieren, auch wenn der Einsatz des Schweinehundes so schnell und einfach ist und er es auch jedes Mal hinreichend gut mit uns meint. Dem Schweinehund zu widersprechen, kostet Energie.

Ein ganz einfaches Beispiel: Sie wachen morgens auf, stehen aus dem Bett auf und schauen aus dem Fenster. Es regnet, es ist windig und Ihr Außenthermometer zeigt 10° C an.

Am Tag zuvor war es noch sehr angenehm sonnig mit 20° C und sie fühlten sich in einem kurzärmligen T-Shirt, Jeans und Stallschuhen bei Ihrem Pferd sehr wohl. Dementsprechend hatten Sie sich für heute ein ähnliches Outfit zurechtgelegt. Ihr Schweinehund würde sagen: „Komm, Sabine, draußen ist ein Mistwetter. Da jagt man keinen Hund vor die Tür." Doch Dank ihres bewussten Denkvermögens entscheiden Sie sich nach dem Blick aus dem Fenster für ein langärmliges Shirt, eine Jeans, wasserfeste Schuhe und eine Regenjacke. So bleibt ihr Körper und Ihr Schweinehund warm und trocken. Das bewusste Denkvermögen ermöglicht Ihnen also eine Anpassung an die veränderten Wetterbedingungen.

Diese Fähigkeit der bewussten Anpassung, die uns in vielen Situationen selbstverständlich ist, ist ein großer Entwicklungsschritt der Menschheit. Jedoch verbraucht bewusstes Denken sehr viel Energie, bis zu 20 Prozent unseres Gesamtenergieumsatzes. Deshalb hat die Evolution uns einen Schutzmechanismus – unseren Autopiloten mit Schweinehund und Fee Felizitas – geschenkt. Dieser Autopilot ermöglicht uns einen sehr sparsamen Umgang mit dem bewussten Denken und regelt zunächst alles für uns. Erst wenn etwas schief geht – sich eine Disharmonie in unserem Kopf entwickelt - denken wir bewusst über die Situation nach und aktivieren manchmal auch unsere Fee Felizitas.

Unsere Vorfahren kannten noch keinen Supermarkt, in dem sie einfach aus vollen Regalen das nehmen konnten, was sie zum satt werden brauchten. Sie gingen auf die Jagd bzw. betrieben unter großem körperlichen Energieaufwand Ackerbau und Viehzucht. Naturwidrigkeiten und fehlendes Jagdglück ließen die Bäuche unserer Ahnen so manches Mal knurren. Dann war Energiesparen überlebensnotwendig. So ist auch unser Denken auf Energiesparen ausgerichtet. Es existieren viele Programme in unserem Kopf, die uns nicht bewusst sind. Sie stellen in Summe unseren Autopiloten dar.

Stellen Sie sich folgende Situation vor: Sie beobachten am offenen Durchgang zwischen zwei Koppeln, wie zwanzig Pferde vor Ihnen dicht zusammenstehen und entspannt grasen. Ihr Abstand zu den vorderen Pferden beträgt gerade mal drei Galoppsprünge. Plötzlich erschrecken sich die Pferde und die große Gruppe galoppiert auf Sie in dem engen Koppeldurchgang zu. Ehe sie bewusst wahrnehmen, in welcher Gefahr Sie sich befinden, springen Sie mit einem Riesensatz blitzschnell zur Seite. Eine schnelle Reaktion, die ihnen das Leben gerettet hat. Welchen Muskel Sie wie anspannen mussten, um diesen Sprung zu machen, und wie schnell Ihr Herz schlagen musste, um Ihren Körper für diese Flucht vorzubereiten, hat Ihr Autopilot, mit seinen energiesparenden, schnellen, unbewussten Programmen, für sie geregelt. Hätten Sie über diese Körperreaktionen bewusst nachdenken müssen, wäre viel zu viel Zeit verstrichen und die Pferde hätten Sie längst überrannt.

Nachdem Sie an einem sicheren Platz zur Ruhe kommen, lässt Sie nun Ihr bewusstes Denken die Situation wie einen Kinofilm noch einmal vor Ihrem inneren Auge mit pochendem Herzen und viel Gefühl

nacherleben. Sie prägen sich diesen Film ganz genau ein, um für die Zukunft einen neuen Glaubenssatz für ihre Sicherheit bei Koppeldurchgängen parat zu haben: Der zu dem Glaubenssatz gehörige Schweinehund wird in der Nähe von Koppeldurchgängen anschlagen und bellen: „Hey, Koppeldurchgänge sind gefährlich, lass uns schnell vorbei gehen!"

Dieser Glaubenssatz setzt unbewusst den Gefühlsanker (Gefühlvoller Startknopf des Autopiloten für zukünftiges Autoprogramm) „Einen sichereren Ort aufsuchen." Diese Verknüpfung von Erlebtem mit einer Reaktion und einem Gefühl ist nun als Programm in unserem Autopiloten gespeichert und steht Ihnen in zukünftigen, ähnlichen Situationen als blitzschnell abrufbare Reaktionskette zur Verfügung.

Wann immer Sie jetzt an einem Koppeldurchgang vorbeigehen, wird Ihr Schweinehund mit diesem gespeicherte Glaubenssatz und dem Angstgefühl sofort wieder aufpoppen. Sie beschleunigen ihre Schritte, um einen sicheren Platz zum Beobachten zu finden. Und da unser Autopilot als Energiesparer lebenssichernde Glaubenssätze gerne für andere, ähnliche Situationen anwendet, kann es auch sein, dass sie plötzlich vor einer sich öffneten Fahrstuhltür mit Menschen wegspringen oder offene Plätze mit engen Ausgängen meiden.

Nehmen wir diese Situation mit den Pferden und dem engen Koppeldurchgang und zerlegen sie in dem Denkmodell. Die Lernkette besteht aus der Wahrnehmung (W), dem Autopiloten (AP) und der Aktivität (A). Gleichzeitig wird ein angemessenes Angstgefühl für die Situation erzeugt. Wegen der Gefahr für unser Leben ist das Gefühl ein furchtbarer Schreck, der uns in die Knochen fährt. Also sehr unangenehm –Futter für unseren Schweinehund. Im Nachhinein weicht dieser Schrecken dann dem Gefühl der Erleichterung unverletzt überlebt zu haben. Damit ist das Autoprogramm Pferd/Koppeldurchgangenge gelernt und wird im Gedächtnis verankert. Wir haben eine neue Erfahrung für unseren Schweinehund gemacht, ein neues Verhaltensmuster entwickelt, das wir jederzeit mit dem Anker Pferd/Koppeldurchgangsenge auslösen können. Je nach Veranlagung des Menschen reicht für die Auslösung dieses Autoprogramms ein Pferd, ein Koppeldurchgang, eine Enge oder alles zusammen. Da sind wir Menschen sehr verschieden, es kommt darauf an, wie ängstlich wir veranlagt sind und welche weiteren Erfahrungen wir gesammelt haben.

Mit Hilfe des Denkmodells möchte ich Ihnen zeigen, wie wir ein Autoprogramm unseres Schweinehund verändern können – unseren Schweinehund im Nachhinein an die Kette legen können. Sie lernen die Stellschrauben kennen, mit denen sie ihre Aktivität auf einen Auslöser nachjustieren können. Für die sehr ängstlichen Leser darf ich mitteilen, dass Sie willentlich nur kleine Justierungen vornehmen können. Das Überlebensprogramm in Form unseres Schweinehundes überschreibt alles, was den Hauch einer Gefährdung für das Leben darstellen könnte. Außerdem sind Warnautoprogramme absolut sinnvoll.

Ein treffendes Beispiel ist der Start mit meiner Stute Maxi. Beim Gedanken an Maxi sagte mein Schweinehund sofort: „Maxi böse, Maxi meiden." Und kübelte gleich ein ganzes Fass schlechter Gefühlen über mir aus (Was denkt Deine Familie von Dir, alles hast Du kaputt gemacht, deinen Pferdetraum kannst Du knicken etc.). Der Schweinehund war nicht gerade zimperlich mit mir. Aber er kannte ja auch seinen Gegnerin, die Fee Felizitas mit ihren Versprechen nach Freiheit und Unbeschwertheit in Erinnerung an meine glücklichen Gefühle aus der Kindheit. Wir alle haben unser Kopfkino, was bei Entscheidungen in unseren Köpfen kreist.

In der ersten Woche beherrschte der Schweinehund „Maxi böse" meinen Kopf und ich war sofort stinkig, wenn ich nur an sie dachte. Insgeheim war ich auch auf meine Familie stinkig, dass sie Maxi besuchte. Über die Wochen wandelten sich meine Gedankenkreise im Kopf. Der Schweinehund „Maxi böse" verlor an Kraft und meine Fee Felizitas für die glücklichen Erinnerungen an Pferde schob sich langsam in den Vordergrund. Mein Schuldgefühl gegenüber meiner Familie als Spaßbremse und Geldvernichter verblasste mit jedem Bericht meiner Familie vom Trainingstag. Nur glauben konnte ich die Berichte nicht. Denn es kann nicht sein, was nicht sein darf. - Was

für ein Glaubenssatz bzw. Schweinehundgequieke! Mein Schweinehund „Maxi böse" sorgte für eine selektive Wahrnehmung. Ich hörte nur, was beim Training schief gegangen war. Maxi war meiner zweiten Tochter einmal auf den Fuß gestiegen. Das nahm ich deutlich wahr! Den Spaß und die Freude in den Berichten nahm ich nicht wahr. So fühlten ich und mein Schweinehund sich bestätigt, dass Maxi böse ist. Jedes Mal wenn das Wort Maxi zu Hause fiel, ließ mein Schweinehund „Maxi böse" die schlechten Gefühle von meinem Training wieder aufleben. Mein Schweinehund hatte gewonnen: Ich blieb zu Hause und mied Maxi. Besser noch. Er ließ mich auf meine Familie schimpfen, dass sie immer noch zu Maxi fahren würden, obwohl dieses Pferd so gefährlich wäre. Manchmal lässt uns unser Schweinehund ziemlich ungerecht aussehen. Im Nachhinein bin ich meiner Familie sehr dankbar, dass sie meine Anfeindungen nicht beachtet und mit Maxi fröhlich weitertrainiert haben. Und auch meinem Ehemann, mit dessen Hilfe ich meinen Schweinehund an die Kette legen konnte.

Was hat er gemacht? Er hat liebevoll und Schritt für Schritt meine Fee Felizitas des Rücken gestärkt. Er zeigte mir Fotos vom Voltigieren,

ein altes Foto von Axel, erinnerte mich an die Unterstützung meiner Eltern und noch an viele weitere positive Erinnerungen rund um mein Pferdeleben ohne einmal das Wort Maxi in den Mund zu nehmen. So drängte die Fee Felizitas meinen Schweinehund langsam in den Hintergrund. Ich konnte meine Wahrnehmung für die lustigen Abenteuer meiner Familie mit Maxi öffnen.

Und meine positiven Gefühle bei dem ersten Kontakt zu Maxi kehrten langsam in meine Erinnerung zurück. Und schließlich legten meine positiven Erinnerungen meinen Schweinhund „Maxi böse" an die Kette. Ich konnte es nicht mehr erwarten, Maxi wieder zu sehen. Am nächsten Tag fuhr ich mit meiner Familie zu ihr. Mit all diesen guten Gefühlen hatte ich eine ganz andere Körpersprache und Ausstrahlung. Ich stand Maxi gegenüber, sie kam auf mich zu und rieb ihre Nase an meiner Jacke. Ich hatte Tränen in den Augen. Wie konnte ich nur so schlecht von diesem Pferd denken.

Sie wissen jetzt, wie schnell und einfach das geht. Und auch Sie haben die Möglichkeit, hindernde Autoprogramme ihres Schweinehundes, die Ihnen das Leben vermiesen wollen, zu verändern. Ich lade Sie herzlich dazu ein, mehr darüber in den Geschichten meiner Kunden zu erfahren.

## Struktur gibt uns Sicherheit

Viele Menschen sind davon überzeugt, dass Leute, die mit ihren Pferden wie über ein unsichtbares Band verbunden sind, dies könnten, weil sie es in die Wiege gelegt bekommen haben. Doch auch diese Menschen stecken sehr viel Energie in die Beziehung zu ihren Pferden und bauen das Vertrauen mit einem Netz aus Struktur und Sicherheit auf und aus.

Natürlich ist es toll, diesen Pferd-Mensch-Paarungen zuzusehen, wie sie mit Leichtigkeit und Eleganz ein harmonisches Miteinander leben. Doch dahinter steckt immer ein System, das sowohl dem Menschen als auch dem Pferd ein notwendiges Maß an Struktur und Sicherheit gibt.

Nehmen wir dazu ein ganz simples Beispiel aus unserem täglichen Leben. Wie wichtig für uns Struktur und die damit verbundene Sicherheit ist, wissen große Einzelhandelsketten für sich zu nutzen. Bestimmt ist Ihnen die eine oder andere Lebensmittelkette bekannt und Sie kaufen regelmäßig dort ein. Egal, ob Sie in Hamburg oder in München in eine dieser Filialen gehen, es steht alles in der gleichen Reihenfolge in den Regalen angeordnet. Deshalb gehen wir gerne dort einkaufen. Wir wissen, wo alles steht und können so unseren Einkaufszettel in genau der richtigen Reihenfolge vorbereiten, so dass wir nur noch an den Regalen vorbeilaufen brauchen und uns der Reihe nach alles herausnehmen können, was wir benötigen. Da unser Gehirn es liebt, Voraussagen zu treffen, die in dieser Art des Systems natürlich auch bestätigt werden, schüttet es Glückshormone aus und wir sind vollends zufrieden. Es herrscht Harmonie in unserem Kopf. Es gibt für unser Gehirn kaum etwas Schöneres als eintreffende Voraussagen.

Und wehe, unser System gerät aus seinen Fugen, verändert sich. Mir ist es erst vor kurzem passiert und im Nachhinein muss ich schmunzeln. Wie immer schrieb ich einen Einkaufszettel. Um mir dies möglichst einfach zu gestalten, ging ich hierzu gedanklich durch das Geschäft und wusste aufgrund monatelanger Erfahrung, welche Warengruppe wo zu finden war. In genau dieser Reihenfolge ordnete ich meine Einkaufsliste. Gut vorbereitet und mit einem Einkaufswagen ausgestattet, betrat ich unsere Filiale des Lebensmitteldiscounters. Aber, was war passiert? Auf meinem Einkaufszettel standen als erstes die Backwaren. Wie immer. Ich dachte, Toastbrot und Aufbackbrötchen vorzufinden. Doch heute standen am Anfang des Discounters Kaffee- und Teesorten auf der einen Seite des ersten Ganges und auf der anderen Seite reihten sich fein säuberlich nach Herkunftsland sortiert Weine, gefolgt von weiteren alkoholischen Getränken auf. Ich war irritiert. Und nicht nur ich. Im ganzen Inneren des Discounters herrschte eine chaotische Stimmung. Der sonst so gleichmäßig fließende Strom der Einkaufenden glich heute einem wild durcheinander laufenden Ameisenvolk, in dessen Erdhügel gerade ein Mensch getreten war. Die Laufwege der Kunden kreuzten sich, Einkaufswagen stießen aneinander und hilflos dreinblickende Menschen hiel-

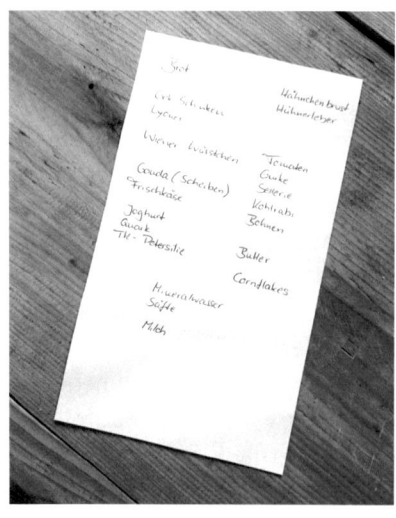

ten nach Personal Ausschau, das ihnen bei der Suche ihrer benötigten Waren helfen sollte. Zum Glück war das Management des Discounters nach einer Umräumaktion auf die verwirrten Kunden vorbereitet und hatte sein Personal aufgestockt, so dass nahezu jeder Kunde eine adäquate Betreuung fand.

Das System des Ladens hatte sich also verändert und die Voraussagen unseres Gehirns zu den Waren im Regal konnten nicht bestätigt werden, da ja alles einen neuen Ort gefunden hatte. Die Kunden waren, genau wie ich auch, verwirrt. Doch das Personal gab uns die notwendige Unterstützung, die wir brauchten, um uns wieder zurechtzufinden. Für mich dauerte es einen Monat, bis ich das neue Ordnungssystem des Ladens verinnerlicht hatte und meine Einkaufszettel so wieder die notwendige Ordnung aufwiesen, die mein Gehirn braucht um in seinen Voraussagen Recht zu behalten und mich damit glücklich zu machen.

Schmunzeln muss ich deshalb über diese Situation, weil mir klar wurde, dass viele Probleme, bei denen ich Menschen und ihren Pferden helfen soll, aus genau dieser Art von Systemveränderung entstehen. Der größte Teil meiner Kunden ruft mich aus dem Grund an, weil sie im Umgang mit ihrem Pferd gar keine erkennbare Struktur, kein System besitzen und ihrem Pferd daher jegliche Form von Sicherheit vorenthalten oder weil sie ihr bestehendes System geändert haben, ohne dafür zu sorgen, dass ausreichende Hilfestellung da war, damit das Pferd sich an das neue System gewöhnen konnte.

Ich werde sehr oft gefragt, warum Trainingssysteme wie die Online Pferdeausbildung, die Dualaktivierung® oder die Equikinetic® so einen großen Erfolg haben. Und das nicht nur in Bezug auf Muskelwachstum und Balancefähigkeit, sondern auch auf die Beziehung zwischen Mensch und Pferd. Es ist ganz einfach. Diese Trainingssysteme sind klar strukturiert. Sie geben eine zeitliche Struktur, eine räumliche Struktur und damit eine Beziehungsstruktur. Und sie sind einfach aufgebaut. Als zertifizierte Trainerin Dualaktivierung® – Equikinetic® habe ich jederzeit die Möglichkeit, Michael Geitner in seinen Seminaren zu assistieren. So habe ich schon eine Vielzahl an „Problempferden" sehen dürfen, die sich nach nur einem Wochenendseminar in der Dualaktivierung® oder der Equikinetic® sehr positiv veränderten. Und das, weil ihre Menschen sich durch die einfache Struktur sehr viel besser organisierten und somit ihre Körpersprache und Trainingsplanung viel klarer und eindeutiger für ihr Pferd wurden. Der Mensch und das Training wurden für ihr Pferd berechenbar. Und das Beutetier Pferd braucht Berechenbarkeit und Struktur, um sich sicher zu fühlen.

**Rita und ihr Warmblut-Wallach Seppel**

Ein Beispiel war Rita mit knapp 1,55 Körpergröße, die mit ihrem Riesenpferd von mindestens 1,85 Meter Stockmaß zu einem kombinierten Equikinetic- und Dualaktivierungskurs angereist war. Ihr Warmblut-Wallach Seppel litt am sogenannten Shivering-Syndrom. Charakteristisch für dieses Krankheitsbild sind Muskelkrämpfe, die vorzugsweise an der Hinterhand auftreten. Durch Stress verschlimmerte sich das Erscheinungsbild. Die Symptomatik der verspannten Hinterhand war klar zu erkennen, als der Wallach auf den fremden Platz kam. Zudem waren jede Menge gelbe und blaue Gassen und Pylonen zu Aufgaben angeordnet. Er war sehr nervös, tänzelte mit akzentuiert gebeugten Hinterbeinen um seine Besitzerin und schnaubte besorgt. Rita folgte ihm ebenso nervös, zupfte hier an der Longe, dirigierte ihn da mit der Longiergerte, stolperte in dem tiefen Sandboden und fühlte sich im Ganzen sehr unbehaglich. Rita stellte sich und ihren 13jährigen Wallach vor und verriet uns dabei, dass sie sehr aufgeregt sei, da so viele Leute zuschauten. Sie schilderte uns, dass ihr Wallach bei allem, was neu für ihn war, mit einer Verspannung der Hinterhand und des Schweifes reagierte. In schlimmen Fällen nahm er sie nicht mehr wahr, rempelte sie an und zog sie, am Strick hängend, hinter sich her.

Michael Geitner gab eine kurze Einführung in das Training und zu Rita klare Verhaltensregeln im Umgang mit ihrem Pferd: „Das Pferd macht beim Antreten immer den ersten Schritt. Deine Position am Pferd, Rita, ist ein schulterbreiter Stand, Dein Pferd richtet sich nach Deinem Tempo und Du bewegst Dein Pferd."

Der Wallach schob und zog Rita anfänglich durch die Achten, die sie mit ihm gehen sollte. Er konnte kein konstantes Tempo halten und nahm Rita neben sich nicht wirklich wahr. Durch größere, geerdete Schritte, den Blick in Bewegungsrichtung und die stetige Tempokontrolle bekam Rita Seppel in den Griff. Die klaren Regeln im Umgang mit ihrem Wallach gaben Rita zunehmend mehr Sicherheit. Dies spiegelte auch Seppel wieder und wurde entspannter.

Im Anschluss sollte Rita ihn mit den klaren Verhaltensregeln durch die aufgebaute Quadratvolte führen. Der Wallach brach zwei Mal vor Schreck aus, weil der Wind am Zuschauerzelt wackelte und die Plane darüber flatterte. Rita blieb in dieser neuen Aufgabe ruhig, da ihr das System klare Regeln gab, deren Erfolg sie schon nach dieser kurzen Trainingseinheit verinnerlicht hatte. Der Handwechsel funktionierte gut. Seppel wurde im Verlauf des Kurses zusehends ruhiger und zum Abschluss konnte Rita mit ihm in einer kleinen Bewegungshalle einen eng gelegten Dualaktivierungs-Parcours durchreiten. Der Wallach war mit seinen Ohren aufmerksam bei Rita und er trat mit seiner Hinterhand ruhig und weit unter seinen Körperschwerpunkt. Sein Tempo war sowohl im Schritt als auch im Trab gleichmäßig. Er lief in erstklassiger Selbsthaltung und es war einfach nur imposant anzuschauen, wie dieser Riese von Wallach, der am ersten Tag wie ein Angsthase über den Platz gesprungen war, jetzt sicher und kraftvoll und nahezu majestätisch durch die Aufgaben lief.

Was war passiert? Rita und ihr Pferd hatten eine gemeinsame neue Struktur übernommen, die eindeutig und immer gleich war. Rita wurde für ihren Wallach berechenbar und gab ihm so die Sicherheit und damit die Glückshormone, die er für entspanntes Lernen gebraucht hatte und weiter brauchen wird. Auch Pferde lieben es, wenn die eigenen Voraussagen eintreffen.

Es ist ähnlich wie bei einer Treppe. Wenn jede Stufe unterschiedlich in Höhe und Tiefe ist, müssen wir bei jedem Schritt genau auf die Stufen achten. Sind die Stufen mit immer gleicher Höhe und Tritttiefe strukturiert, so ist sie sicher und automatisch für uns begehbar. Auf unser Verhalten am Pferd übertragen, gleicht die unharmonische, nicht berechenbare Treppe inkonsequentem Verhalten ohne vorhersehbare Struktur. Wir müssen uns mit unserem Pferd auf jede Stufe neu konzentrieren. Das kostet Energie und Zeit und ist entsprechend anstrengend.

Im Vergleich steht die harmonische Treppe für konsequentes, strukturiertes und vorhersehbares Verhalten. Das Gehirn von Mensch und Pferd kann in dieser immer gleichförmigen Struktur ein vorhersehbares Muster erkennen. Dem entsprechend kann das Gehirn ein unbewusst ablaufendes Grundprogramm erstellen, das bei gesundheitsfördernder Trainingssteigerung als Skizze für die Vorhersage nur in Nuancen angepasst werden muss. Dies spart wiederum Zeit und Energie und durch das Eintreffen der Vorhersage belohnt uns unser Gehirn mit einem harmonischen Gefühl.

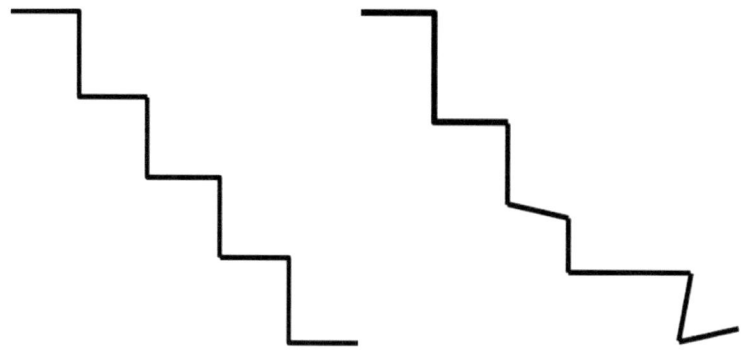

# Der Reithof des Lernens

Die Trainingsgeschichten, die in diesem Buch erzählt werden, setzen sich aus diesen gleichmäßig angeordneten Stufen einer harmonischen Treppe zusammen. Sie lassen einfach und leicht nachvollziehbar ein System erkennen, das die Basis für jeden Trainingsplan bildet. Das System habe ich aus der Psychologie entliehen. Es ist ein Modell unserer Rollen, die wir Menschen jeden Tag einnehmen, um den Anforderungen aus unserer Umwelt gerecht zu werden. Zuhause in der Familie übernehmen wir z.B. die Rolle der Mutter oder des Vaters, bei der Hochzeit unseres Freundes die Rolle des Trauzeugen, am Arbeitsplatz die Rolle des Arbeitsnehmers.

Wenn wir eine Rolle einnehmen, haben wir ein bestimmtes Ziel vor Augen, wir haben rollenspezifische Fähigkeiten und zeigen ein Rollen adäquates Verhalten. Wenn wir zum Beispiel die Rolle des Reiters einnehmen, dann ist unser Ziel unser Pferd zu reiten. Wir haben die Fähigkeiten, unser Pferd aus der Box zu holen, zu putzen, aufzusatteln und schließlich zu reiten. Und weil wir diese Fähigkeit haben, tun wir das auch. Wir holen unser Pferd und reiten. Da wir nicht alleine in der Reithalle sind, haben wir natürlich auch die Reithallenregeln als Fähigkeit verinnerlicht. Die Rollenübernahme endet mit der Identifikation der Rolle. Wenn unsere Ziele, Fähigkeiten und Aktivitäten mit der Rolle übereinstimmen und wir sie verinnerlichen, dann sind wir der Reiter. Unser Autopilot steuert uns elegant mit unserem Pferd von der Box zur Stallgasse und weiter unfallfrei in die Reithalle. Wir geben unserem Autopiloten nur noch die Richtung und das Tempo vor. Nun kann in der Reitergemeinschaft nichts mehr passieren.

Zum Reiten gehören zwei Lebewesen. Bleibt also noch die Frage zu klären, kennt unser Pferd seine Rolle?

Wir als Reiter weisen dem Pferd die Rolle des Reitpferdes zu. Wie passt diese Rolle mit der angeborenen Rolle des Pferdes zusammen? Allgemeine Ziele des Pferdes als Lebewesen und Beutetier sind das

Überleben und im heutigen Dasein nachrangig die Vermehrung. Dazu benötigt es klare Strukturen, ausreichend Futter und die Sicherheit, Schutz vor Gefahren zu erhalten oder ihnen ausweichen zu können. Dazu braucht es Fähigkeiten wie Gleichgewicht, Schnelligkeit, Muskelkraft und Ausdauer, damit es uns sicher als Reitpferd tragen kann und seiner Rolle gerecht wird.

Bei frei lebenden Pferden ergibt sich durch die Rangordnung eine Struktur für jedes Pferd. Das Leittier ist eine erfahrende Stute, die die Herde in ausreichende Weidegebiete führt. Durch Spiele und Kämpfe um die Rangordnung trainieren die Pferde ihre Kraft, Ausdauer, Gleichgewicht und Schnelligkeit.

Da es Regeln auf dem Reiterhof gibt, übernehmen wir als Reiter die Rolle des Leittieres für unser Pferd. Wir sorgen für ausreichend Futter und für die Sicherheit. Ein Pferd fürchtet nichts mehr als sein Gleichgewicht zu verlieren. Ein Wegrutschen mit der Hinterhand führt zum Sturz und damit zur Schutzlosigkeit gegenüber seinen Fressfeinden. Und für Beutetiere ist erst einmal alles Neue, Unbekannte und sich Schnellbewegende ein potenzieller Fressfeind. Unsere Aufgabe ist es, bei unserem Pferd das Gleichgewicht, die Schnelligkeit, Kraft und Ausdauer zu trainieren, damit es sich selbstbewusster und sicherer fühlt. Ein untrainiertes, unsicheres Pferd hüpft bei jeder wirbelnden Plastiktüte los, weil es spürt, dass es einen großen Vorsprung braucht. Ein trainiertes, erfahrenes Pferd, hat noch die Sekunde Zeit, das Gefahrenpotenzial der Plastiktüte zu prüfen oder auf seinen Menschen zu schauen, bevor es eventuell losprescht oder sich entscheidet gelassen zu bleiben.

> **ZUM WEITERDENKEN**
> Ähnlichkeiten zum unseren Denken sind bestimmt zufällig. Ich möchte mein Denkmodell gar nicht auf Pferde übertragen, aber es ist schon erstaunlich, dass ein ängstliches Pferd nur Flucht kennt, während das erfahrene Pferd mehrere Entscheidungen zur Wahl hat: Fliehen, Mensch anschauen, grasen etc.

Für eine absolute Identifikation mit der Rolle braucht es viele Jahre an Training und Erfahrung für Mensch und Pferd. Für mich besitzen die Pferdeflüsterer bzw. die Menschen mit dem unsichtbaren Band zwischen sich und ihrem Pferd diese Rollenidentifikation. Sie haben ihre Pferde beobachtet, deren Verhalten studiert und ihr eigenes Verhalten angepasst. Sie entwickeln Fähigkeiten, um mit Pferden zu kommunizieren. Da sie auch von ihrer Arbeit leben müssen und das Pferdetraining ihre Arbeit ist, ist eines ihrer Ziele, ihre Fähigkeiten weiterzugeben. Ich habe das Glück gehabt, bei Michael Geitner Fähigkeiten in der Dualaktivierung® und Equikinetic® zu lernen. Diese Fähigkeiten habe ich in der Online Pferdeausbildung systematisiert und in den „Reithof des Lernens" übertragen.

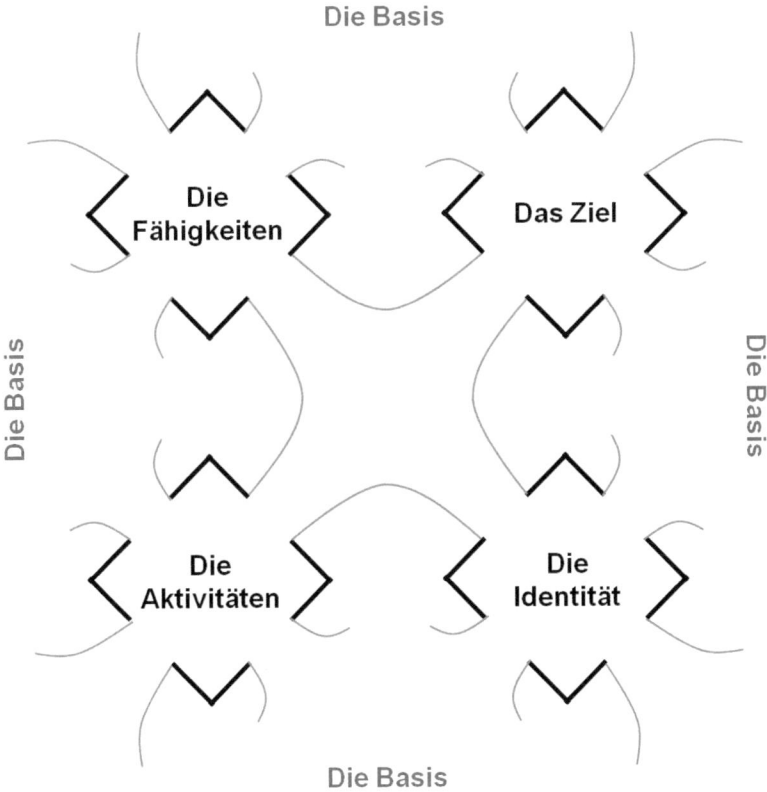

Der Reithof ist das systematische Programmgerüst, mit dem wir unser Ziel mit dem Pferd definieren und Schritt für Schritt einen erfolgreichen Trainingsplan entwickeln können. Einen Trainingsplan, der die notwendigen Fähigkeiten und die Aktivitäten in einer Aufgabe ermittelt und den Übungs- bzw. Trainingsbereich bestimmt. In Kombination mit dem Denkmodell erlangen wir so die Fähigkeit, durch unsere Sicherheit unseren Gefühlszustand selbst bewusst zu wählen und damit auch den Gefühlszustand unseres Pferdes positiv in Richtung Gesundheit, Vertrauen und Glücklich sein zu lenken.

Jede Aufgabe, die sich uns und unserem Pferd stellt, ist lösbar. Meine Aufgabe als Trainerin für Pferd-Mensch-Paare ist es, den Menschen auf den Weg zu bringen, ein System des miteinander Lernens zu entwickeln, das ihn befähigt, sich und seinem Pferd auch in zukünftigen Situationen den einfachen Zugang zu guten Gefühlen und Sicherheit zu gewähren. Alle Anteile dieses Systems sind flexibel verbunden und ganz individuell an die Wohlfühl-Lernatmosphäre, das Lerntempo und die vorhandenen Fähigkeiten angepasst. Es wird also sowohl der Mensch als auch das Pferd dort abgeholt, wo sie stehen. Dies verhindert Überforderung und begünstigt eine stressarme bis -freie und erfolgreiche Beziehung mit dem Pferd.

Ziel ist es dem Pferd, die Sicherheit und Struktur zu geben, die es braucht, um seine Rolle als Reitpferd zu verinnerlichen.

Der Reithof des Lernens besteht aus vier **Stallgebäuden** und dem Platz zwischen den Gebäuden. Über den Platz erreichen wir jedes Stallgebäude. Wir haben die Freiheit uns entweder eine Struktur mit einer Reihenfolge, z. B. im oder gegen den Uhrzeigersinn zu schaffen oder einfach in das Gebäude zu gehen, aus dem wir aktuell Dinge brauchen. Den Reithof des Lernens können wir über jede Seite betreten.

Die **Basis,** die ich auch gerne „Garten der Inspiration" nenne, symbolisiert die Umwelt, in unserem Fall den Trainingsbereich, in dem wir mit unserem Pferd Neues lernen oder ungewünschtes Verhalten in gewünschtes umwandeln. Ebenso finden wir in diesem Garten unsere Hilfsmittel, wie Halfter, Zaumzeug, Clicker, Leckerlis Podeste, Bälle, Stangen und vieles mehr.

Wenn wir gemeinsam mit unserem Pferd Neues lernen, sollte der Trainingsbereich immer so sicher wie möglich gestaltet und Mensch und Pferd vertraut sein. So sind beide gelassen und können entspannt und leicht lernen. Erst wenn eine Trainingsaufgabe in diesem vertrauten Raum von Mensch und Pferd sicher verstanden ist und entspannt klappt, wird die räumliche Trainingsbedingung zur Festigung des Erlernten verändert. So bleibt immer ein Teil vertraut und gibt Sicherheit und Struktur für das Lernen.

In allen Bereichen des Reithofes finden wir Nützliches, was uns auf dem Weg zu unserem Ziel hilft, Lösungsstrategien zu entwickeln.

In einem Teil des Reithofes befindet sich das Stallgebäude der **Aktivitäten**. In ihm finden wir das, was Mensch und Pferd im Training im Idealfall machen, um erfolgreich zum Ziel zu gelangen. Wir finden den Ansporn aktiv zu werden, einfach zu machen und auszuprobieren. Hier sprudeln Kraftquellen, die uns ermöglichen, das zu tun und unsere Schweinehunde an die Kette zu legen. Die Kraftquellen sind Erinnerungen an unsere erfolgreichen Taten.

Im Stallgebäude der **Fähigkeiten** finden wir alles zum Können, was Mensch und Pferd in einer Aufgabe brauchen, um miteinander zu wachsen. Wenn zum Beispiel die Hinterhandkoordination noch fehlt, um sicher zu galoppieren, liegt hier der Trainingsplan Dualaktivierung® mit den sinnvollen, sichtbar gemachten Aufgaben. Wir erlernen die Fähigkeit das Pferd durch die Gassen zu longieren und können das Pferd trainieren.

Das **Ziel**, das wir erreichen wollen, wohnt in einem weiteren Stallgebäude. Es ist sehr stark von der Persönlichkeit, also den Erfahrungen und Prägungen von Mensch und Pferd abhängig. Im vorherigen Beispiel war das Ziel die Hinterhandkoordination zum Galoppieren. In diesem Gebäude wohnen alle unsere Wünsche, Träume und Ziele, die kleinen wie auch die großen. Hier liegt ein Fundus für viele neue und schöne Abenteuer mit unseren vierbeinigen Freunden.

Im vierten Stallgebäude finden wir uns mit unserer eigenen **Identität** als Pferdeverstehende. Die **Identität** beinhaltet unsere **Ziele**, unsere **Fähigkeiten** und beeinflusst damit unsere **Aktivität**. Das Gebäude beantwortet die Frage, wer wir beim Training mit unseren Pferden sind.

Alle Bereiche des Reithofes sind miteinander verbunden. Jeder, der seinen Reithof betritt, entdeckt ihn auf seine ganz persönlich Art und Weise. Überall sind Plätze, an denen wir die Eindrücke auf uns wirken lassen, zum Verweilen, zum Schmunzeln, zum Nachdenken oder zum Gedanken baumeln lassen. Je mehr wir den Reithof mit seinen vielfältigen Bereichen und Möglichkeiten kennen lernen, umso übersichtlicher, strukturierter und vertrauter wird er für uns und unser Pferd.

Als Trainerin habe ich meine Kunden in ihre persönlichen Höfe begleitet. Ich bin meinen Kunden dankbar, dass ich Ihnen die dazu gehörigen Geschichten in diesem Buch erzählen darf. So können wir durch die Geschichten an dem Leben meiner Kunden in den verschiedenen Höfen teilhaben. Sie berichten von Herausforderungen und ungeklärten Fragen und münden in einen strukturierten, lösungsorientierten Weg zum Erfolg. Denn jeder hat die Fähigkeiten, die er braucht, um seine Ziele und Erfolge zu erreichen. Ich möchte Sie einladen, meine Kunden mit mir zu begleiten und mit ihnen Erlebnisse zu teilen und gemeinsam mit ihnen zu lernen.

## Ein Beispiel für unseren Reithof des Lernens

Auf unserem Reithof befinden wir uns am Putzplatz mit unserem Pferd. Wir kratzen die Hufe aus und stellen unseren Fuß für einen besseren Stand dicht an das Pferd – unser Pferd möchte gern zum Hufeanheben getragen werden. Unsere **Aktivität** und die des Pferdes birgt eine Gefahr, die schnell wahr wird. Das Pferd tritt auf unseren Fuß und wir lernen schmerzlich, dass diese Aktion unserem Fußwohl nicht förderlich ist. Lernen heißt in diesem Zusammenhang, wir bekommen durch unser Schmerzzentrum das **Ziel** benannt, **Fähigkeiten** zu entwickeln, um bei der nächsten Aktivität Hufpflege unverletzt zu bleiben. Zum Beispiel können wir unser Pferd besser beobachten, damit wir schneller zur Seite springen können. Eine andere Lösung wäre, dem Pferd durch ein Schritt für Schritt Training die Fähigkeit zu geben, sein Bein alleine zu heben und zu halten. Wir trainieren also seine Balance. Beim Überlegen unserer Lösungen prüfen wir, welche am klügsten und sichersten ist. Diese Lösung behalten wir dann als **Aktivität** zum Hufe auskratzen bei. Als Lohn dürfen wir uns nach dem Hufekratzen über einen schmerzfreien Fuß freuen: „Was bin **ich** für ein schmerzfreier Pferdeversteher."

Das Reizvolle an unserem Reithof ist auch, dass er ebenso gegen den Uhrzeigersinn vom Bereich der **Identität** bis zur **Aktivität** verwendet werden kann. **Ich** bin ein Pferdeversteher, darum ist mein **Ziel**, meinem Pferd sicher die Hufe zu pflegen. Ich habe dazu die **Fähigkeiten**, mich so zum Pferd zu stellen, dass meine Füße außerhalb der Pferdehufreichweite stehen, und beobachte das Pferd genau, um schnell wegzuspringen. Ich habe einen weitsichtigen Trainingsplan erstellt, der meinem Pferd die **Fähigkeit** gegeben hat, seine Balance zu finden und sein Bein selbst zu halten Ich kratze die Hufe meines Pferdes aus und zeige eine umsichtige **Aktivität**. Ich stehe am Putzplatz meines Reitstalls mit meinem Pferd. Sie merken schon, es läuft wie ein Kinofilm. Der Held tritt in die Szene, hat ein klares Ziel vor Augen, hat die Fähigkeiten das Ziel zu erreichen und macht. Das ist der gleiche Kinofilm wie bei dem Denkmodell. Mit dem Unterschied, dass wir diesen Film bewusst überlegt gedreht haben.

In den folgenden Kapiteln werden wir die Geschichten mit dem Denk- und Reithof-des-Lernens-Modell in der Praxis anwenden. Sie erhalten Tipps, Ideen oder etwas ganz anderes. Wie wir Menschen - jeder für sich - einzigartig ist, so ist auch unser Denken einzigartig. Wir denken verschieden und müssen deshalb Erfahrungen von anderen Menschen in unsere Gedanken übersetzen – das nennen wir Lernen am Modell.

Ich möchte Sie herzlich eingeladen, unsere Lösungen als Vorschläge zu sehen und durch eigene Erfahrungen zu optimieren.

# Wie ticken unsere Pferde eigentlich

**Sonja und ihr Haflinger-Wallach Prinz - Kontakt aufnehmen mit dem Wissen über die Welt der Pferde**

Meine Kundin Sonja war eine langjährige „Reitstundenzuschauerin" ihrer Kinder und hatte für ihre zwei Mädchen im Alter von 11 und 14 Jahren nun einen sehr lieben 18jährigen Wallach mit Namen Prinz aus dem Stall übernommen. Diese liebe und gleichzeitig sture Knutschkugel von Haflinger war in seiner Erscheinung wirklich schon ein richtiger Rentner. Und das wohl schon über viele Jahre wie man Sonja am Reitstall zu berichten wusste. In den letzten fünf Jahren wurde er zweimal die Woche geritten und am Sonntag trug er ab und zu gelassen und sicher die Nachbarskinder durch das Gelände. Da Prinz als Haflinger nur schon beim Hören des Wortes „Futter" begann, seinen Bauchumfang zu erweitern, war er beinahe so breit wie hoch. Prinz war so ein richtiger Vorzeigevertreter für einen Energiesparer.

Die zwei süßen Mädchen hatten ganz andere Vorstellungen mit ihrem neuen Pferd. Als erstes Spaß, als zweites noch mehr Spaß und noch viel mehr Action. Schließlich steckten beide voller Energie und die wollten sie auf den Haflinger übertragen. Sie begannen ihn täglich mindestens eine Stunde zu reiten. Wenig Schritt, viel Trab und natürlich gerne Galopp. Die Mutter sah von der Bande zu und freute sich darüber, dass der liebe Wallach ihre Töchter so sicher und treu durch die Halle trug. Das ging eine Woche gut. Dann fing der Wallach an, sich immer mehr zu wiedersetzen. Die Kundin beschrieb es so: „Wir hatten das Gefühl, dass er alles um sich herum total ausblendete. Zuerst sperrte er sich gegen Zügelhilfen und rannte einfach in die Richtung, die er für richtig hielt. Dann schlurfte er nur noch im Schritt über den Platz und selbst die Gertenhiebe quittierte er mit Desinteresse. Manchmal steuerte er andere Pferde an und rannte sie mit Reiter einfach um." Die Kundin hatte bereits einen Tierarzt kommen lassen, um eine verminderte Sehfähigkeit oder gar eine beginnende Erblindung ausschließen zu lassen. Doch es war alles in Ordnung. Was war passiert?

Die neuen Besitzer hatten sich kein Bild von der Welt ihres neuen Familienmitglieds gemacht. Zu einer Beziehung zwischen Mensch und Pferd gehört offen aufeinander zuzugehen und sich in die Welt des anderen einzufühlen. Prinz fiel über den neuen Ansturm aus allen Wolken, genauer gesagt aus seiner Welt. Die Mädchen hatten ihre flotte und sportliche Reitschulenwelt mit auf den Reithof genommen und diese dem Wallach als seine neue Welt übergestülpt. Das Schulpferde in einem anderen Trainingszustand waren, das sie Korrektur geritten und entsprechend der Belastung auch gefüttert wurden, nahmen sie nicht wahr. Sie kamen zur Reitstunde und fuhren danach wieder. Und wenn ein Schulpferd wegen Erkrankung ausfiel, dann gab es Ersatz. Prinz war kein Schulpferd und für Prinz gab es auch keinen Ersatz.

Sonja wollte ihren Mädchen mit dem Kauf von Prinz eine Freude machen. Ihr Ziel waren jauchzende Kinder, die auf dem Pferd herumtollen würden. Sie kaufte diesen Wallach in dem Glauben, jedes Pferd könne so laufen, wie die Schulpferde. Prinz war aber aufgrund einer sehr mäßigen Kondition und seines Alters nicht lange in der Lage in der Schulpferde-Welt zu leben. Und er tat, was er als Pferd nur tun konnte: Er schottete sich in seine eigene Welt ab und ignorierte die Fragen (Wünsche) der Mädchen. Diese Verweigerung war der Grund, warum mich die Mutter um Hilfe bat. Ihre Traumwelt mit zwei glücklichen Mädchen mit Pferd drohte in sich zusammenzufallen.

Zuerst ließ ich Sonja mir ihre Motivation für das neue Pferd beschreiben. Dann unterhielten wir uns allgemein über Pferde und wie ihre Welt aussieht. Zum Schluss malte ich zwei Kreise auf den Boden. Der linke Kreis stand für die Energie geladene Welt von Sonja und ihren Kindern und der rechte für die Energie sparende Welt von Prinz. Ich bat Sonja, sich mit einem Fuß in ihren Kreis und mit dem anderen in Prinz' Kreis zu stellen und mit geschlossenen Augen beide Welten nachzuempfinden. Sonja wunderte sich: „He, mein linker Fuß will zappeln und tanzen und der rechte will seine Ruhe und einfach nur still stehen. Man ist das ein komisches Gefühl – ich fühle mich so zerrissen." Ich bohrte ein wenig nach: „Was macht Dein rechter Fuß?" „Ich glaube es nicht, der fühlt sich merkwürdig an, der schottet sich ab. Der will mit dem anderen Fuß nichts zu tun haben. Rike, was ist hier passiert?" Ich holte Sonja von den Kreisen herunter, damit sie wieder einen festen Stand mit ihren beiden Füßen hatte. „Die Kreise waren nur ein kleines anschauliches Beispiel dafür, was passiert, wenn zwei Welten aufeinander treffen, die so auf den ersten Blick noch gar nichts gemeinsam haben. Ich möchte Dich einladen, mit dem zweiten Blick Gemeinsamkeiten zu finden. Sie werden euch zusammenführen und ihr werdet an einem Strang ziehen und zwar jetzt in eine Richtung. Bei Deinen Füßen ist die Gemeinsamkeit klar – Du bist es. Auf den einen Fuß wirkst Du beruhigend, auf den anderen aktivierend, bis beide Dich im Gleichklang tragen." „Dann weiß ich schon eine Gemeinsamkeit bei Prinz und meiner Familie." lachte Sonja. „Wir gehören zusammen und ich habe schon eine Idee, was zu machen ist." Das Ziel wurde durch das gemeinsame, von allen beteiligten engagierten Training definiert. Die Kinder brauchten Prinz nur ihre Energie zur Verfügung zu stellen. Und Sonja hatte die Aufgabe übernommen, diesen Energieausgleich zu moderieren. Damit war mein Auftrag klar. Sonja braucht Fähigkeiten, um Pferde aus ihrer Welt abzuholen. Sie lernt mit Prinz Kontakt aufzubauen und mit ihm zu kommunizieren.

Die Kontaktaufnahme zum Pferd (Kontakt = Berührung, Verbindung) setzt von uns Menschen voraus, dass wir uns mit all unseren

Möglichkeiten und Sinnen in unsere Pferde hineinversetzen. Es gibt einen Begriff in der Psychologie, der den Vorgang des Kontaktaufnehmens sehr schön beschreibt: Rapport. Er bedeutet, den anderen in seiner Welt zu treffen und sich in seine Welt einladen zu lassen, um ihn besser zu verstehen. Ich weiß, dass das Leben kein Wunschkonzert ist. Doch ich wünsche mir, dass wir Menschen diesem Teil des Miteinanders, egal ob mit Menschen oder mit Pferden, wieder einen größeren Raum geben, um uns viel gelassener und wertschätzender zu begegnen. Es ist ein Geschenk, in die Welt von anderen Mitmenschen und die von Pferden eingeladen zu werden. Wertschätzen wir ihre Welt. Sie ist aus ganz persönlichem Lernen, aus einzigartigen Erfahrungen und Prägungen entstanden. Sie muss ja nicht zu unserer Welt werden. Lassen wir uns einfach darauf ein, andere Sichtweisen kennen zu lernen. Viele Dinge sehen durch eine andere Brille, einen anderen Blickwinkel ganz anders aus. Ein Perspektivwechsel kann aus großen Problemen neue Herausforderungen machen und aus Lösungsmöglichkeiten klare Wege zum Ziel.

Sicherheit ist für Pferde aufgrund ihres Daseins als Beute- und Fluchttier das aller Wichtigste. Da wir die Pferde in unsere Welt geholt haben, sind wir für diese Sicherheit verantwortlich. Einen Teil der Sicherheit schaffen wir Menschen dem Pferd durch ausreichendes, qualitativ gutes Fressen, tägliche Bewegung, einen Wetterschutz über dem Kopf und die sozialen Kontakte zu Artgenossen. Sind wir mit unserem Pferd zusammen, bilden wir mit ihm eine Miniherde und sorgen dann für die Herdensicherheit. Damit halten wir es gesund und bilden die Basis für ein vertrauensvolles miteinander Lernen. Da macht es Sinn, die Welt der Pferde genauer kennen zu lernen, bevor wir darin einen Platz als Verantwortliche übernehmen. Denn die Welt aus der Sicht der Pferde zu sehen, gibt uns erst die Chance, die Pferde auch in ihrer Welt abholen zu können. So ist es uns

möglich, ihr Verhalten zu akzeptieren, zu reflektieren und es für ein gelassenes und wertschätzendes Zusammensein mit ihnen zu nutzen. Zu unserer eigenen Zufriedenheit, zum Wohl unserer Pferde und zu unserer beider Sicherheit.

## Pferde sind Energiesparer

Damit Pferde jederzeit flüchten können, sind sie als Energiesparer auf die Welt gekommen. Sie sind also nicht faul, sondern effizient. Das ist der Grund, warum der Haflinger in seiner neuen Familie auf „stur" gestellt hat. Er hatte nicht die Kondition, die die Mädchen ihm abverlangten. Seine Energiespeicher drohten in Richtung leer zu laufen. Also bewegte er sich nur noch unwillig bis gar nicht. Zur Wahrung seiner eigenen Sicherheit. Die Familie lernte hinzu und begab sich in die Welt des Wallachs. Sie holten ihn in seinem Trainingsstand ab und bauten ihn langsam mit meiner Unterstützung so weit auf, wie es für ihn gesundheitserhaltend und -fördernd möglich war. Heute sind sie mit ihm viel im Gelände unterwegs, mit abwechslungsreichen Schritt-Trab-Kombinationen und kurzen Galopp-Reprisen. Er ist für die Mädchen eine echte Lebensversicherung, mit seinen jetzt 21 Jahren noch top fit und immer motiviert. Auf jedem Geschicklichkeitsturnier steht er mit auf der Siegerliste.

## Birgit und ihr Fjordwallach Moon - Flucht- und Beutetier sein

Pferde sind in ihrem Verhalten und in der Art, wie sie die Welt wahrnehmen davon geprägt, als Fluchttier zu leben. Was heißt das eigentlich im Umgang mit ihnen? Leider oder doch zum Glück, habe ich in meinem bisherigen Leben bereits einmal eine Situation erlebt, in der ich als Fluchtmensch unterwegs war. Meine Gefühle in dieser Situation erlebe ich noch heute, wenn ich Hunde ab einer bestimmten Größe frei herumtollen und rennen sehe. Zu diesen Gefühlen gesellen sich dann die Bilder von meinem Erlebnis, Beute zu sein: Ich war mit meinem Mountainbike an der Donau unterwegs auf dem Weg zur Arbeit. Jeden Morgen fuhr ich diese wundervolle Strecke am nebelverhangenen Fluss entlang. Ich war in einem gemütlichen Tempo unterwegs und träumte vor mich hin. Wie aus heiterem Himmel vernahm ich plötzlich laute Aufschreie einer Frau, die wild gestikulierend hinter einem Hund herlief. Dieser raste mit aggressivem Gebell und gefletschten Zähnen von schräg rechts aus einem Waldweg kommend auf mich zu. Es war ein Dobermann! Nicht unbedingt die Art von Hund, denen nachgesagt wird: „Die wollen doch nur spielen!"

Bewusst lief bei mir in dieser Situation erst einmal gar nichts. Um mich zu retten, sprang mein Autopilot an. Mein Puls beschleunigte sich wie ein rasant startender Sportwagen mit quietschenden Reifen. Ich weiß nur noch, dass ich stur geradeaus schaute und mit allen Kräften in die Pedalen trat. Da es in der Nacht zuvor geregnet hatte, war der Fahrradweg matschig und es hatten sich Pfützen gebildet. Ich rutschte einige Male mit dem Hinterreifen weg. In mir stieg Panik auf. Wenn ich jetzt ausrutschen würde, na dann guten Appetit, Herr Dobermann. Wahrscheinlich haben mich das sture Geradeausschauen in Fahrtrichtung und mein ausgeprägter Überlebensinstinkt gerettet. Denn der Dobermann, der mit mir auf gleicher Höhe rannte, drehte nach einer gefühlten Ewigkeit ab und lief zu seinem, immer noch wild kreischenden Frauchen zurück: „Das hat er noch nie gemacht!"

Ich behielt mein Fluchttempo noch bei, bis ich einen hörbaren Sicherheitsabstand zu dem wilden Tier erreichte. Das Gebell wurde zum Glück immer leiser. Erst als es kaum noch zu vernehmen war, hörte ich auf zu treten und drehte mich schwer atmend um. Mir fiel ein Stein vom Herzen, als ich das Raubtier angeleint sah.

So fühlt sich ein Pferd auch in vielen Situationen. Denn ein Pferd als Beutetier hat bei allem, was es Neu kennenlernt, sofort die Befürchtung: Ich werde vom Unbekannten gefressen. Ob es die flatternde Plastikplane im Wind, der aufspringende Regenschirm, das aus dem Maisfeld springende Reh, das Donnern der LKWs oder der Drachenflieger am Himmel ist. Alles wird als zuerst als potentielle Gefahr eingestuft. Der Fluchtinstinkt springt sofort an und das Pferd reagiert. Das Ausmaß der Flucht, fällt bei jedem Pferd in ganz unterschiedlicher Art und Weise aus. Die Reaktionsspanne vom gemütlichen Energiesparer, der kurz inne hält, schaut und dann weiter macht, als wäre nix gewesen, bis zum Angsthasen, der den Kopf hochreißt, die Ohren spitzt und panikartig im Galopp davon stürmt, bis die Fluchtdistanz von mindestens 400 Metern zurückgelegt ist.

Dazwischen gibt es unendlich viele Variationen der Fluchtreaktion, die Pferde bei „Neuem, potentiell Gefährlichem" zeigen.

Sind wir Menschen mit unserem Pferd als Miniherde zusammen, sind wir es, die ihm zeigen, dass das scheinbar lebensgefährliche Neue

keine Bedrohung für uns und unser Pferd darstellt. Das Pferd weiß dies bei Neuem nicht. Wir unterstützen unsere Pferde mit unseren Möglichkeiten, uns zu vertrauen und mit Hilfe unserer Aufmerksamkeit und Führung sicher Neues zu erkunden. Was wir nicht unterbinden können, ist das Anspringen des Fluchtreflexes. Die Pferde sind viel sensibler als wir Menschen und spüren die Gefahr schon viel früher als wir. Nach den Gesetzen der Herde wären wir bezogen auf die Reaktionsschnelligkeit ein ganz niederes Herdenmitglied. Wichtig im Umgang mit unseren Pferden ist, dass wir ruhig bleiben und den Überblick behalten. Für mich ist es vollkommen normal, dass Pferde in Schrecksituationen auch durchaus mal wegspringen. In ihren Augen sind wir Menschen eindeutig zu langsam in unserer Reaktion. Was wir dem Pferd jedoch geben können, ist die Ruhe, an der es sich orientieren kann. Wenn es bei Neuem erschrickt und mit Fluchtmustern reagiert, wird es trotzdem auf uns achten. Mit diesem Wissen ist es uns möglich, auch in Paniksituationen mit Ruhe und Gelassenheit zu führen. Das Pferd wird sich sehr schnell an unserer Gemütslage orientieren und wieder zur Ruhe kommen. Eine Problematik in Gefahrensituationen aus Sicht des Pferdes entsteht zu 90% deshalb, weil wir Menschen es stören. Wir versuchen entweder, die Bewegungsfreiheit des Pferdes einzuschränken, weil wir glauben, wir könnten 600 kg Lebendgewicht am Strick festhalten und davon abbringen zu fliehen oder wir bringen es im Sattel sitzend aus seinem Gleichgewicht und lösen so die Panik aus.

Ein gutes Beispiel ist Birgit, die Besitzerin von Moon, einem Fjordwallach mit einem angeblichen „Dickschädel", was aber nichts anderes als Angst signalisierte. Ich bekam von Birgit einen Anruf, in dem sie mir sehr verzweifelt ihre Situation schilderte. Moon war erst ein Vierteljahr in ihrem Besitz. Sie hatte ihn im Winter übernommen, als es draußen matschig und kalt war. Moon stand mit vier weiteren Pferden auf einer Koppel mit angrenzendem Stallgebäude, die auf dem Grundstück ihrer Großmutter hinter dem Wohnhaus lagen. Angrenzend an den Stallbereich gab es nur unbefestigt Feldwege. Dementsprechend glichen diese Wege bei schmelzendem Schnee und Regen einer Glitschbahn, auf der man sich fühlte wie ein Anfänger auf Schlittschuhen. Nach dem Moon sich einen Monat in die neue Gruppe eingelebt hatte, wollte Birgit nun das erste Mal mit ihm spazieren reiten. Die erste Wegstecke um die Pferdekoppel war grasbewachsen und gut zu gehen. Der anschließende Weg bis zur nächsten befestigten landwirtschaftlichen Straße war ein einziger Matschpfad. Sie ließ Moon am langen Zügel in seinem Tempo gehen und verhielt mich unauffällig auf seinem Rücken. Kurz bevor wir die befestigte Straße erreichten, tauchte unerwartet hinter einem Hügel ein Auto von rechts auf. Es fuhr mit hohem Tempo und erreichte schnell den Kreuzungspunkt mit dem Feldweg, auf dem beide in diesem Moment ankamen. Birgit stierte verschreckt das Auto an und übersah die große Wasseransammlung, die sich am Übergang vom Feldweg zur Straße erstreckte. Das Auto fuhr durch die Pfütze und eine Flutwelle ergoss sich über den Weg und platschte hart und laut direkt vor Moons Hufe. Der arme Moon erschrak so sehr, dass er auf der Hinterhand kehrt machen wollte, um dieser Gefahr so schnell wie möglich zu entgehen. In der Tiefe des Matsches verlor jedoch seine Hinterhand den Halt und er rutschte weg. Birgit verlor auf Moon das Gleichgewicht und fiel aus dem Sattel. Moon strauchelte. Er war voller Panik und tat alles, um sich wieder abzufangen, was auf dem matschigen Weg misslang. Beide stürzten in den Matsch. Moon rappelte sich als erster wieder auf und lief im gestreckten Galopp zurück zum Stall, der noch in Sichtweite war. Birgit ging völlig fertig hinterher. Zum Glück ist beiden nichts passiert. Sie sattelte ihn ab, gab ihm seine Möhren und führte ihn mit zitternden Knien zu den anderen Pferden zurück. Den Schrecken musste sie erst einmal bei einer Tasse Kaffee mit ihrer Großmutter verkraften. Doch das eigentliche Problem kam erst noch. Nach einigen Tagen Trockenheit wollte sie erneut mit Moon auszureiten. Die Wege waren abgetrocknet, sie boten jetzt wesentlich mehr Halt für Moons Hufe. Letzte Pfützen säumten die Wege. Moon ging an jeder von ihnen mit beunruhigt aufgestellten Ohren, aufgeregt schnaubend und seitlich weichend vorbei. An der noch immer großen Pfütze, an der das Auto vor Tagen für Schrecken gesorgt hatte, konnte sie mit Moon nur in sehr großem Abstand vorbeireiten. Er ging daran ängstlich trompetend und eher rückwärts seitwärts vorbei. Auf der befestigten Straße angekommen, begann Moon sich ganz langsam wieder zu entspannen. Sie ließ die Zügel lang und ritt über den vor mir liegenden Hügel hinüber. Noch bevor sie es hören konnte, hatte Moon das von hinten herannahende Auto, das durch den Hügel noch verborgen war, schon wahrgenommen. Er richtete die Ohren nach hinten und begann, sich mit seinem Körper so zu drehen, dass er mit seinem linken Auge in die Richtung des nahenden Geräusches sah. Seine Schritte wurden kurz und hektisch, seine Augen waren weit aufgerissen und er stieß die Luft mit trompetenähnlichem Klang aus den weit aufgeblähten Nüstern. Dann ging alles ganz schnell. Als Birgit das Auto auf der Kuppe des Hügels in meinem Augenwinkel sah, schoss Moon bereits schon pfeilschnell nach links auf das angrenzende Feld und brannte durch. Sie hatte keine Chance, ihn zu halten. Und wieder galoppierte er flüchtend vor der Gefahr bis zum Stall zurück. Birgit fragte mich zum Schluss: „Was soll ich jetzt machen, so kann es doch nicht weitergehen?"

Und es wäre so weitergegangen, wenn Birgit mich nicht angerufen hätte. Die Pfütze und das Auto bildeten für Moon und auch für Birgit einen heftigen Schweinehund, der sofort eine Fluchtreaktion auslöste. Moon hat nach dem Pfützen-Vorfall großen Respekt vor Pfützen und Panik vor herannahenden Autos entwickelt. Und Birgit hatte nun ebenso Angst, wenn ein Auto in Sichtweite kam. Tapfer hatte sie es noch zweimal mit Moon an der Hand versucht ins Gelände zu gehen. Doch sobald sich ein Auto näherte, egal aus welcher Richtung, flutete Angst in ihr hoch. Moon als Muskelleser spürte das natürlich und spiegelte die Angst von Birgit sofort wieder. Er riss sich beide Male los und galoppierte zurück zum Stall. Nun war Birgit ratlos. Ihr Traum von entspannten Geländeausritten mit Moon drohte zu platzen. Doch ihre aus Angst entstandenen Gefühle konnte sie nicht einfach ausblenden. Ihr Schweinehund ließ in ihrem Kopfkino immer wieder einen gruseligen Horrorfilm laufen, in dem ein Auto sie mit Moon gemeinsam rammt und sie beide sich lebensgefährlich verletzen. Klar, dass Birgit unter diesem Gefühl sehr litt. Sie versuchte die Situation, wo der Schweinehund bei Autos und Pfützen zündete, zu vermeiden. Das schränkte ihren Ausreitradius sehr ein.

Nachdem ich ihr am Telefon zugehört hatte, war mein Auftrag klar. Das Ziel lautete: Ihren Traum, Ausreiten mit Moon, gelassen, sicher und mit viel Spaß, wieder wahr werden zu lassen. Welche Fähigkeiten brauchte Birgit dafür? Das Trainerleben wird deutlich leichter, wenn man den Menschen genau zuhört. Denn sie sagen, welche Fähigkeiten sie brauchen. Birgit benötigte Gelassenheit und Sicherheit, um Spaß beim Ausreiten mit Moon zu empfinden.

Wir trafen uns eine Woche später zu einem ersten Trainingstermin. Der Weg, den wir gemeinsam für das Wahrwerden ihres Traums nach der ersten Bestandsaufnahme planten, führte über Birgits eigene Fähigkeit, in vielen Situationen mit ihren zwei kleinen Töchtern äußerst gelassen zu sein. Sie ankerte sich mit meiner Unterstützung das gute Gefühl und die Ruhe, die sie in vielen Mutter-Kind-Situationen hatte und nutzte diese Stärke zuerst im Führen von Moon durch Pfützen. In nur einer Trainingseinheit von 60 Minuten ging Moon an der Hand durch Pfützen. Birgit hatte ihm Zeit gelassen und ihn Schritt für Schritt in der unmittelbaren Nähe des Stalls an die Pfützen gewöhnt. Sie gab ihm am langen Strick die Möglichkeit, sich zu bewegen, was ihm sehr half, seinen Stress abzubauen. Wenn Moon zögerte, gab Birgit ihm Gelassenheit und Sicherheit durch einen festen Stand. So konnte er sich an ihr orientieren und beruhigte sich immer mehr. In der einen Woche, die bis zum nächsten Trainingstermin verstrich, übte Birgit täglich mit Moon. Sie konnte ihr gutes Gefühl mit Hilfe von Atemtechniken zur Entspannung noch wirkungsvoller auf Moon übertragen und brachte ihn dazu, am Ende der Trainingswoche gelassen und mit gesenktem Kopf zügig durch Pfützen zu gehen. In der zweiten Trainingseinheit waren zum Glück noch Pfützen vorhanden, die wir zum Üben nutzen konnten. Birgit hatte das gute Gefühl

zusätzlich mit dem Kopfkino aufgetankt, dass sie als entspannte Darstellerin vom Boden aus an den Pfützen zeigte. Birgit nahm jetzt das gute Gefühl mit in den Sattel. Am langen Zügel ging sie mit Moon entspannt atmend und locker sitzend mit dem geankerten guten Gefühl auf die Pfützen zu. Alles klar für Moon. Er las die entspannten Muskeln seiner Besitzerin als „alles locker, alles in Ordnung" und ging, anfangs noch etwas zurückhaltend, durch die erste Pfütze. Sofort belohnte Birgit ihn mit einer Pause. Sie streichelte seinen Hals und lobte mit ruhiger, dunkler Stimme. Je mehr Pfützen hinter den beiden lagen, umso breiter wurde das Grinsen von Birgit und umso lockerer wurde Moon in seinen Schritten. Auf dem Weg zurück schnaubte und kaute er ab und hatte die Ohren zu Birgit gerichtet. So war es Birgit gelungen, gute Gefühle aus einer ganz anderen Situation und Rolle, nämlich als Mutter ihrer Töchter, zu nutzen, um sich auch mit Moon gelassen und entspannt zu fühlen. Da Moon als Muskelleser die Entspannung aufnahm und als „alles ist sicher, alles ist in Ordnung" verstand, spiegelte er diese Gelassenheit, vertraute Birgit und wurde mutiger, die Pfützen näher zu erkunden. Er hatte jetzt einen doppelten Gewinn: Birgit als entspannte Führung gab ihm Sicherheit und sein gewünschtes Verhalten, durch Pfützen zu gehen, wurde mit Energiesparpausen belohnt. So konnte Birgit ihm zeigen: Vertraue mir. Ich weiß, dass für uns beide alles sicher ist. Du machst alles richtig. Der Grundstein für mehr Gelassenheit bei Birgit war gelegt. Sie erlebte, dass ihr Pferd anders konnte, weil sie anders konnte.

Ein weiterer entscheidender Aspekt in der Sicherheit von Pferden liegt darin, dass sie sich jederzeit auf eine gut koordinierte und kräftige Hinterhand verlassen können. Denn vor einem „Raubtier" die Balance zu verlieren und hinzufallen, ist die größte Panik eines Fluchttieres.

So ging es auch mir mit dem Dobermann, der mich in die Flucht schlug: Ich hatte panische Angst, mit meinem Hinterreifen des Fahrrades wegzurutschen und hinzufallen. Dank der guten Bereifung meines Mountainbikes ging alles gut. Die gut ausgestattete „Hinterhand" meines Rades hatte mich also vor schmerzhaften Bisswunden geschützt. Und ebenso geht es unseren Pferden. Ist ihre Hinterhand gut trainiert und können sie sich in Fluchtsituationen darauf verlassen, dass sie schnellst-möglich mit voller Kraft antreten können, um sich der potentiellen Gefahr zu entziehen, dann sind sie sehr viel gelassener in Schrecksituationen. Moon hatte in der Situation, als das Wasser zu ihm spritzte, die Balance verloren, weil er in der Matsche mit seiner Hinterhand weggerutscht war und keinen Halt fand. Seine folgenden Panikattacken vor Pfützen und Autos waren daher vorprogrammiert. Birgit hatte mit dem Heranführen an die Pfützen im Schritt ohne Reiter

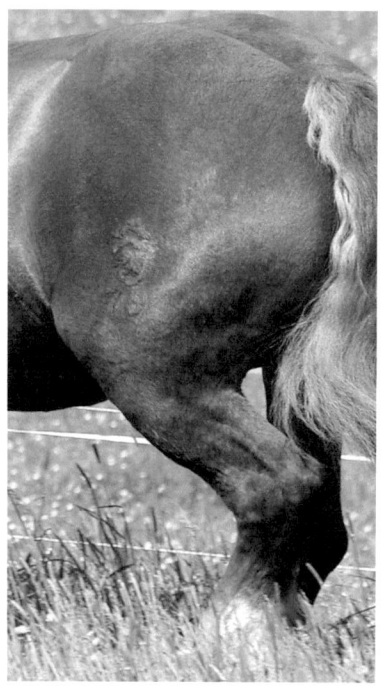

dieses Programm in Moons Kopf umprogrammiert. Nun hatte sie es auch beim Reiten geschafft. Doch um noch mehr Sicherheit bei Moon zu ankern, begann Birgit mit meiner Unterstützung, Moon in der Dualaktivierung® zu trainieren. Ein einfaches Trainingssystem, das die Hinterhand des Pferdes koordiniert und ihm so Sicherheit und Gelassenheit gibt. Zusammen mit dem Zeitsystem, das dieses Training so effektiv und einschätzbar für die Pferde macht, gewann Moon tatsächlich an Kraft und Balance und wurde wendiger. Birgit trainierte die ersten 4 Wochen 3 Tage in der Woche mit den gelben und blauen Gassen. Schon nach dieser kurzen Zeit machte Moon selbstsichere Schritte durch

Pfützen hindurch. Birgit schaffte es sogar mit Moon im Trab locker und entspannt durch das Nass zu laufen. Die Dualaktivierung® blieb Bestandteil im Trainingsprogramm von Moon und Birgit. Heute geht er durch Bäche und Flüsse auf Wanderritten, die Birgit in der Alpenregion mit ihm reitet.

## Silvia und ihre Quarterhorse-Stute Bonnie –
## Pferde lesen unseren Körper

Pferde kommunizieren überwiegend über ihre Körpersprache. Sie nehmen kleinste Spannungsunterschiede in Muskulatur wahr. Wie wir an uns selbst bemerken, bedeutet bei uns hohe Muskelspannung Achtung! Höchstleistung, Stress oder ist sogar eine Antwort auf Schmerz. Muskelentspannung signalisiert hingegen Gelassenheit, Ruhe und Sicherheit. Wenn wir uns darüber bewusst sind, dass jede Spannungsveränderung, also jede noch so kleine Bewegung von uns, als ein Informationssignal von unserem Pferd wahrgenommen wird, sozusagen als eine Frage, die es beantworten soll, ist es unmöglich mit unseren Pferden nicht zu „sprechen".

Mein Rumpelstilzchentanz bei Maxi, die sich weigerte, mit mir aus dem Stall zu kommen, war mit einem Redeschwall in einer enormen Lautstärke, der auf das Pferd einprasselte, zu vergleichen. Dass Maxi bei so einer Wortgewalt den Rückzug antrat und auf Abstand ging, war daher nicht weiter verwunderlich. Wenn uns ein Mensch gegenübertritt, der uns anschreit und wild mit den Armen rudert, verspüren auch wir den Impuls zurückzutreten und Distanz zu halten oder sogar die Flucht zu ergreifen. Einer Kommunikation in angenehmer Lautstärke mit klar gewählten Worten folgen wir dagegen leicht und gerne. Die Informationen einer solchen Unterhaltung sind gut verständlich.

Wenn wir mit unseren Pferden zusammen sind, geben wir ihnen mit unserer Körpersprache Informationen über unseren Gefühlszustand, stellen ihnen idealerweise mit einer Hilfe oder einem Signal eine Anfrage und warten auf eine Antwort.

Silvia, eine Miteinstallerin auf unserem Reithof in Bayern war eine selbständige, viel beschäftigte Frau mit einem Mann, zwei Kindern, jeweils drei Hunden und Katzen sowie zwei Pferden. Sie sagte im Spaß immer über sich: „Ich glaube, ich habe ADHS (Aufmerksamkeits-Defizit-Hyperaktivitäts-Syndrom)." Sie sprach mit Worten und mit ihrem Körper, wobei manchmal der Körper die Worte überholte und manchmal war es auch umgekehrt. Und dies laut und immerzu. Es war, als wäre die Repeat-Funktion für einen Titel einer CD aktiviert. Es war eine Endlosschleife. Man konnte ihr nach wenigen Minuten nicht mehr zu hören.

Ebenso agierte sie mit und auf ihrem Pferd. In ihrem Körper war alles in Bewegung: Ihre Hände wippten ziellos in der Luft, ihre Beine zappelten unkoordiniert am Pferdekörper und ihr Kopf drehte sich ständig in eine andere Richtung, um in der Reithalle auch ja nichts zu verpassen. Der Wallach, den sie schon mehrere Jahre ritt, war nur damit beschäftigt, ihr auf seine Weise zu sagen: „Ich bin verzweifelt! Ich kann Dich nicht verstehen. Aber ich versuche, Dir richtige Antworten zu geben." Er schlug mit dem Kopf, er bockte, er rannte irgendwie, blieb stehen, ging rückwärts. Er war mit Silvia im Sattel und am Strick völlig überfordert. Und Silvia suchte für alles Erklärungen, um das Verhalten des Pferdes zu rechtfertigen: ihr Pferd wäre schwierig, es würde mit dem Kopf schlagen, weil es empfindliche Augen hätte, es würde bocken, weil es faul wäre, und die Gangarten könnte er nicht sauber trennen, weil der Hufschmied den Beschlag mal wieder nicht korrekt angepasst hätte. Und das war nur eine kleine Auswahl ihrer Erklärungen. Das sie selber der Ursprung für das Pferdeverhalten war, war ihr nicht bewusst. Es hatte ihr noch keiner angemessen gesagt. Denn wer es versuchte, traf auf Unverständnis (Selektive Wahrnehmung), da ihr Verhalten für ihr Leben im Großen und Ganzen funktionierte - nur halt bei Pferden nicht. Warum sollte ihr Schweinehund etwas ändern, wenn doch die anderen Schuld sind.

Als ihre kleine achtjährige Tochter das Reiten ebenfalls für sich entdeckte, war Silvia der Meinung, es musste gleich ein zweites Pferd her, das von ihrer Tochter leicht zu reiten wäre und auch sie selbst mit ihren 75 kg tragen konnte. Es dauerte nicht lange, da stand auch schon eine wunderhübsche Rappstute im Quartertyp bei uns im Stall. Bonnie hatte bereits eine gute Westernausbildung genossen und war mit sehr viel Potential ausgestattet. Silvia fuhr kurz nach dem Kauf der Stute für eine Woche in den Urlaub und bat ein sehr talentiertes Mädchen am Stall, sich um die neue Stute zu kümmern. Ich habe bisher nie wieder ein so klar und gelassen miteinander kommunizierendes Mensch-Pferd-Paar gesehen, wie diese beiden. Die Stute ging gebisslos am langen Zügel und war jederzeit bei ihrer Reiterin. Das Mädchen stellte ihr gelassen, deutliche und faire Fragen in Form von Signalen, die die Stute entspannt und eindeutig beantwortete. Es war wie ein harmonischer Tanz zu wohlklingender Musik in einem behaglich duftenden Raum. Die Stute und das Mädel waren brillant in ihrer Aufmerksamkeit füreinander.

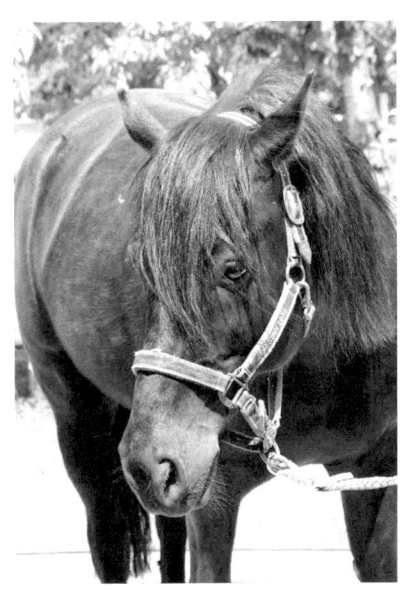

Nachdem Silvia aus dem Urlaub zurückkehrte, ritt sie Bonnie täglich. Sie setzte das Pferd mit ihren unkoordinierten Körperbewegungen im Sattel einem endlosen Fragenschwall aus. Bonnie hatte nie ausreichend Zeit auf die blitzschnell feuernden Signale von Silvia zu antworten. Die Schenkel von Silvia sagten „Tempo", die Zügel in ihren rudernden Händen mahnten zeitgleich „nicht so schnell". Der unausbalancierte Körper von Silvia forderte ein „Rechts-links-gerade-aus-im-Kreis-herum", was die Stute dazu veranlasste, stetig die Richtung zu wechseln und durch die Halle zu eiern. Bonnie hatte keine Chance, aus den 100 Fragen, die Silvia ihr mit ihrer Körpersprache auf einmal stellte, die richtige Antwort zu treffen. Bonnies Herumeiern machte Silvia unzufrieden: Ihr Reitstall-Schweinehund quiekte ihr leise ins Ohr: „Silvia, Herumeiern ist kein Reiten, die anderen lachen Dich schon aus." Aus dem Wunsch nach einem harmonischen Reiten wurde ein disharmonisches Kopfkino. Sie verkrampfte immer mehr und in ihr stieg das Gefühl auf, die Stute würde sich ihr verweigern. Es dauerte nicht lange und die Stute zeigte ein ähnliches „Fluchtverhalten" wie ihr Wallach. Silvia fand wieder viele Erklärungen – mehr noch als sie ihren Pferden Signale gab: Sie kaufte einen neuen Sattel, ließ eine Osteopathin kommen, ließ den Tierarzt einen Bluttest auswerten und wechselte den Hufschmied. Es war bei der Stute körperlich alles in Ordnung und das Equipment zum Reiten passte perfekt. Es änderte sich durch diese Art des Aktionen natürlich nichts an dem katastrophalen Zustand der Beziehung zwischen Silvia und ihrer Stute. Die Disharmonie in ihrem Kopf wurde bei jeder Erklärung, die scheiterte, noch schlimmer. Und es ist, wie so oft, das Einfache, das die Lösung brachte.

An einem Tag kam ich an den Stall und fand Silvia weinend, einem Häufchen Elend gleichend, auf einem Strohballen sitzend vor. Die sonst so agil wirkende, laute Powerfrau saß wie ein kleines, ängstliches, verletztes Reh zusammengekauert da. Die Tränen flossen über ihr Gesicht, ihr Körper zuckte bei jedem herzerweichenden Schluchzer zusammen. Still, ohne ein Wort, setzte ich mich zu Silvia und bot ihr

meinen Arm und meine Schulter zum Anlehnen an. Kraftlos und schwer sank sie zu mir in die Umarmung. Wir saßen lange Zeit einfach nur da. Silvia ließ ihren Frust mit den Tränen fließen und beruhigte sich langsam wieder. „Du kannst gerne erzählen, wenn Du etwas loswerden möchtest. Ich höre Dir zu" bot ich ihr an. Nickend erhob sie sich aus meiner Umarmung, richtete sich ein wenig auf und begann zu reden: „Du kannst Dir gar nicht vorstellen, wie schlecht ich mich gerade fühle. Ich arbeite so hart in meiner Firma und kümmere mich auch noch um die ganzen Familienangelegenheiten. Und zum Ausgleich möchte ich mit meinen Pferden ein bisschen Spaß haben. Warum gelingt mir das nicht? Warum kann mir niemand helfen? Warum verhält sich meine Stute genauso wie mein erstes Pferd? Ich habe schon so viel Geld in diese Pferde investiert und es ändert sich nichts. Ich weiß nicht mehr, was ich tun soll." Gedankenverloren blickte Silvia auf die sich vor uns liegende Pferdewiese. Ich wendete meinen Blick zu ihr, schubste sie ganz leicht mit meiner Schulter an und sagte: „Mach doch einfach mal was ganz anderes." Ruckartig drehte sie sich zu mir und sah mich mit großen Augen an: „Wie, was anderes? Ich mache ständig was anderes, aber ohne Erfolg." „Bist Du sicher? Im Wechseln und Neuem ausprobieren bist Du ganz schön beständig. Probiere es doch einmal aus? Wenn Du Lust dazu hast, etwas anderes zu machen, sage mir Bescheid. Ich mache mit." Ich schaute lächelnd in ihr mit Fragezeichen übersätes Gesicht und ging ohne ein weiteres Wort zu meiner Stute in den Stall. Ich war gespannt, was Silvia als Nächstes unternehmen würde.

Es dauerte drei Tage, bis ich wieder etwas von Silvia hörte. Ich hatte eine Nachricht auf dem Anrufbeantworter. „Hallo, hier ist Silvia. Ich bin morgen Vormittag am Stall. Wenn Du Lust hast, können wir zusammen was machen. Ruf mich doch bitte zurück, dann können wir einen genaueren Zeitpunkt vereinbaren. Ciao!"

Ich wusste, dass Silvia irgendwann auf meine Anregung reagieren würde. Doch dass es so schnell passieren würde, freute mich. Als ich am Stall ankam, hatte Silvia schon all ihr Putzzeug bereit gelegt, den Sattel auf den Sattelbock getragen, ihre Stute von der Weide geholt und am Putzplatz angebunden. Nach einem „Hallo" und einem großen Umarmer setzte ich mich auf den sonnengewärmten Platz vor Silvias Stute und machte nichts anderes, als da zu sein und zu beobachten. Silvia rödelte vor sich hin. Es war wie aus der Stummfilmzeit, wo die Filme viel zu schnell abliefen. Silvia machte zwei bis drei Striche mit der Bürste über ihr Pferd, hielt wieder inne und gab ihre Meinung zu einem Gespräch ab, dass zwei Einstallerinnen neben uns führten. Nach weiteren hecktischen Bürstenstrichen fiel ihr etwas ein und sie griff zum Handy. Nach dem Eintippen einer Nummer, putzte sie, das Handy zwischen Ohr und Schulter geklemmt, weiter. Während des Telefonierens lief sie zum Spind und holte einen Zettel und einen Stift und notierte sich etwas. Ihre Stute stand in dieser Zeit nicht eine Sekunde still. Sie versuchte, Silvia ständig im Blick zu halten. Da Silvia immer in Bewegung war, musste ihre Stute ihren Körper von rechts nach links verschieben, um sie sehen zu können. Als Silvia aufsatteln wollte, tänzelte die Stute von ihr weg, um dem Druck der turboartigen Energie, die Silvias Bewegungen erzeugten, auszuweichen. Silvia ließ den Sattel entnervt auf den Sattelbock fallen und schaute seufzend zu mir herüber: „Siehst Du, das ist das was ich meine. Du kannst nicht mal in Ruhe putzen und satteln, ohne dass dieses Pferd ständig um Dich rumspringt. Das geht mir so auf die Nerven. Da brauche ich immer ewig für das Fertigmachen. Dann ist schon wieder die Hälfte meiner kostbaren freien zwei Stunden um und zum Reiten bleibt kaum noch Zeit." Ich stand langsam auf, blickte Silvia an und sagte: „O.k., dann lass uns jetzt anfangen, Deinen Wunsch nach entspannten Pferden umzusetzen. Binde Dein Pferd los und lass uns zusammen auf den Reitplatz gehen. Dein Pferd wird sich über das, was wir machen werden, sehr freuen." Silvia schaute etwas verdutzt, band ihre Stute vom Anbindehaken und kam hinter mir her auf den leeren Platz. Ich schloss das Tor hinter uns und lud Silvia und ihre Stute wortlos mit einer entspannten Geste ein, mit mir in die Mitte zu kommen. Ich setzte mich auf den warmen Sandboden und bat Silvia, ihrer Stute das Halfter und den Strick abzunehmen: „Setz Dich zu mir auf den Boden und genieß einfach mal das nichts tun". „Das kann ich nicht. Da werde ich verrückt. Ich komme doch nicht zu meinem Pferd, um mich hier auf den Reitplatz zu setzen und Löcher in die Luft zu starren. Das ist Zeitverschwendung!" Ich schaute sie an, tat so, als hätte sie gar nichts gesagt und fragte einfach: „Wenn Du jeden Tag mit Deinen Pferden Spaß hättest, was wäre dann anders?" Sie schaute mich verdutzt an und überlegte. „Die Pferde wären auf jeden Fall nicht mehr so zappelig und nervig beim Reiten. Und überhaupt müsste ich mich nicht mehr ärgern, wenn ich hier bin." Ich fragte weiter: „Wenn Deine Pferde nicht mehr so zappelig und nervig sind, was sind sie dann?" „Na ist doch klar: Sie sind ruhig und entspannt. Und mein Traum ist, dass sie nicht immer vor mir weglaufen, wenn ich sie von der Koppel holen will." Ich führte sie mit meinen Fragen weiter zu ihren Wünschen: „Wenn Deine Pferde nicht mehr vor Dir weglaufen, wenn Du sie von der Koppel holst, was tun sie stattdessen?" „Och, frag doch nicht so. Sie bleiben stehen oder kommen sogar auf mich zu. Was denn sonst?" „Wenn Du hier bist, Deine Pferde ruhig und entspannt sind, sie stehen bleiben, wenn Du sie von der Koppel holst und Du Dich nicht mehr ärgerst, was machst Du dann?" Silvia begann unsicher zu lachen und sah mich fragend von der Seite an. Die Gedanken schienen wie Zahnräder langsam ineinander zu greifen und einen Denkmechanismus in Gang zu setzen.

Silvia schüttelte gedankenvoll den Kopf, nahm ihrer Stute mit erstaunlich ruhigen Bewegungen Halfter und Strick ab und setzte sich überlegend neben mich in den weichen, warmen Sand. Außer dem Rauschen der Pappeln im Wind, die den Reitplatz umgaben, war es ruhig. Silvia blieb lange still und schaute in die Pappelkronen vor uns. „Ich glaube, ich habe das Spiel verstanden", sagte sie, immer noch den Blick nach oben gerichtet. Ihr Gesicht zu mir gewendet, fuhr sie fort: „Ich habe immer formuliert, was ich nicht will und Du hast mich mit Deiner Frage dazu geführt, zu sagen, was ich gerne hätte. Eigentlich doch komisch, dass man sagt, was man vermeiden möchte,

statt klar das auszusprechen, was man will. So ist es doch auch für die Menschen um einen herum viel einfacher. Sie wissen genau, woran sie sind und müssen nicht erst raten, was man statt des Nicht-Gewollten möchte." Ich nickte zustimmend. „Also, wenn meine Pferde entspannt und gelassen im alltäglichen Umgang sind und sich leicht von mir händeln lassen, egal ob vom Boden oder vom Sattel aus, dann wäre ich richtig glücklich und hätte Spaß. Dann hätte ich wirklich die Entspannung, die ich immer schon bei den Pferden gesucht habe." Silvia atmete hörbar aus, ließ ihre Schultern locker sinken, streckte ihre Beine aus und legte ihren Oberkörper in den Sand. Ihre Arme verschränkte sie hinter ihrem Nacken und schaute in den Himmel. „Ja, so habe ich mir das mit den Pferden vorgestellt. Jetzt fühle ich mich gerade richtig gut." Silvia gab einen tiefen Seufzer frei und lächelte mit geschlossenen Augen. „Dann genieße dieses gute Gefühl. Fühle nach, wo in Deinem Körper sich dieses Gefühl befindet." Ich konnte ihr mit der sogenannten Ankertechnik das gute Gefühl jederzeit wieder abrufbar machen. Silvia war sichtlich entspannt. Ihre Stute hatte sich, nachdem Silvia sich nachdenkend in den Sand gesetzt hatte, nicht mehr von der Stelle bewegt und stand mit gesenktem Kopf und entspannter Ohrstellung direkt vor ihr. Es war ein erster Erfolg, den Silvia in ihrem entspannten Zustand gerührt bemerkte. Sie freute sich riesig und streichelte ihrer Stute mit entspannten Bewegungen die Ohren. Diese schien die liebevolle Geste zu genießen und streckte ihren Kopf behaglich in Silvias Richtung. Silvia hatte einen Teil ihres Traums mit dem entspannten Pferd neben sich durch die Konzentration auf sich und ihre Wünsche wahr werden lassen. Wir sprachen noch eine ganze Weile auf dem Sandboden sitzend über Körpersprache, Entspannung und die Wirkung auf unsere Pferde. Ihre Stute leistete uns die ganze Zeit dösend Gesellschaft und genoss die Ruhe.

Was hatte sich geändert? Im normalen Stallalltag von Silvia war ihre Aufmerksamkeit überall, nur nicht bei sich, ihren Wünschen und ihren Pferden. Aus Angst, etwas zu verpassen, war sie ständig in Hektik. Für die Pferde signalisierte das ständige hin und her Flucht und Stress. Silvia gab ihnen unbewusst die Signale: Hier überall sind schreckliche Gespenster, vor denen wir uns in Acht nehmen müssen. Seid immer auf der Hut. Entsprechend angespannt waren ihre Pferde im täglichen Umgang mit ihr. In dem Moment, in dem sie sich zu mir in den weichen warmen Sand setzte, sich auf ihre Gedanken konzentrierte und aussprach, was sie sich wünschte, war sie entspannt, zielgerichtet auf sich konzentriert und signalisierte ihrer Stute: „Es ist alles in Ordnung. Wir sind hier sicher." Die Stute bestätigte ihre körpersprachliche Aussage und konnte so gelassen neben ihr stehen. Da die Stute sehr menschenbezogen war und entsprechend aufmerksam, hatte sie sich sehr schnell auf Silvia eingestellt.

Nachdem Silvia sich gemeinsam mit mir und ihrer Stute auf „etwas anderes machen" eingelassen hatte, bekam ich den Auftrag, sie auf ihrem Weg zum Ziel zu begleiten. Wir trafen uns eine Woche später bei mir im „Kreativatelier". Silvia wollte die Situation mit ihren Pferden verbessern.

Um herauszufinden, wo Sie hin wollte und wie Sie den größten Nutzen aus einem Coaching zog, begannen wir mit dem Zustand, in dem sie sich aktuell befand. Die ersten Fragen sollten sie neugierig machen und sie in eine interessierte Grundstimmung bringen. Silvia stellte sich auf die Startposition und mobilisierte ihre Fähigkeiten, um Ihre Wünsche Realität werden zu lassen.

Der erste Schritt, in die guten Gefühle hineinzugehen, war eine entspannte Wohlfühl-Atmosphäre für Silvia zu schaffen. Sie hatte mir auf dem Reitplatz erzählt, dass der Klang von Klaviermusik sie unheimlich beruhigte und gleichzeitig fröhlich stimmte. Darum bat ich sie, ihre Lieblingsmusik zu unserem ersten Termin mitzubringen. Dezent spielte die Klaviermusik im Hintergrund. Als Sitzmöglichkeit wählte Silvia einen bequemen Sitzsack, der mit freiem Blick in unseren großen Garten im sonnigen Wintergarten des Ateliers lag. Silvia streckte sich entspannt auf dem Sitzsack aus und schloss genussvoll die Augen. „Die Sonne und dieses Riesenkissen erinnern mich wieder total an den Nachmittag mit Dir und meiner Stute auf dem Reitplatz. Herrlich!" Eine bessere Rückmeldung zu Silvias gegenwärtigem Empfinden hätte ich nicht bekommen können. Ich nutzte ihr gutes Gefühl, um mit ihr in die Zielarbeit einzusteigen. Ich erklärte ihr, was sie nun mit meiner Unterstützung in der kommenden Stunde erarbeiten würde. Silvia erhielt eine Schreibunterlage, einen Stift und das 1. Arbeitsblatt mit Fragen. Nach einer Zeit mit Selbstgesprächen, Träumereien und einigen gelassenen Spazierrunden durch den Wintergarten stand Folgendes auf dem Papier:

**Arbeitsblatt 1 von Silvia**

1. Was ist der wichtigste Grund, warum Du hier im Coaching bist? Was für einen Gewinn soll Dir dieses Coaching bringen?
   *Ich möchte mich mit meinen Pferden wohler fühlen und keine Angst mehr haben, etwas falsch zu machen.*
2. Hat es ein bestimmtes Ereignis gegeben, dass Dich dazu veranlasst hat, etwas mit Deinem Pferd verändern zu wollen? Was ist Dir dabei wichtig?
   *Ja, ich habe andere Reiter in der Halle mit meinem Pferd umgeritten, weil ich es nicht kontrollieren konnte. Außerdem habe ich Angst im Gelände, weil ich mein Pferd auch dort nicht händeln kann. Wichtig ist mir dabei, dass ich nicht mehr so unsicher bin und einfach keinen Stress mehr beim Reiten habe.*
3. Wenn dieses Coaching Dir einen Gewinn bringt, was wünscht Du Dir ganz besonders, was sich für Dich und Deine Pferde verändert?
   *Ich möchte, dass meine Pferde nicht mehr so zappelig sind und mich nicht mehr so stressen, wenn ich sie von der Koppel holen will.*

Silvia hatte mit diesen drei Fragen begonnen, sich mit ihren Zielen zu beschäftigen, die sie mit ihren Pferden erreichen wollte. Sie hatte im Moment eine Situation, in der ihr etwas fehlte: Die Zufriedenheit und Harmonie mit ihren Wünschen im Einklang mit der Umwelt zu leben. Damit war das große Ziel formuliert und sie fühlte bereits im Kopf, dass sie im Ziel war. Auch wenn Sie ihr Ziel jetzt noch nicht erreicht hatte, brachte sie sich durch die richtige Art der Formulierung schon jetzt in den Gefühlszustand, als wäre sie bereits im Ziel angelangt.

Unserem Gehirn ist es egal, ob wir etwas real erleben oder ob wir uns nur vorstellen, dass wir es tun. Gefühle und Muskelaktionen entstehen bei beiden Formen des Erlebens. Spitzensportler nutzen diese Gehirn- und Körperfunktion und bereiten sich so gedanklich auf ihren Parcours oder ihre Kür vor. Indem sie sich mental in die Wettkampfsituation bringen und diese mit ihren Sinnen immer wieder im Kopf durchlaufen, trainieren sie ihre Bewegungsabläufe und ihre Konzentrationsfähigkeit. Denn Forschungen haben ergeben, dass sich schon bei der Vorstellung einer Aktion kleinste Kontraktionen der beteiligten Muskeln zeigen und die Gefühlzentren im Gehirn aktiviert werden. Denn mit Hilfe von Gefühlen lernen wir am besten. Also nutzte auch Silvia mit meiner Unterstützung diese Strategie, um sich optimal auf ein erfolgreiches Zusammensein mit ihren Pferden vorzubereiten. Schauen wir uns jetzt gemeinsam das Arbeitsblatt 1 von Silvia an.

Die erste Antwort von Silvia lautete:
*Ich möchte mich mit meinem Pferd wohler fühlen und keine Angst haben, etwas falsch zu machen.*

„Wohler fühlen" ist etwas, was sie erreichen möchte. Silvia hatte also schon eine Vorstellung, in welche Richtung es gehen soll. Es ging in Richtung des guten Gefühls. Die Wortwahl war also positiv.

Die Äußerung „keine Angst haben, etwas falsch zu machen" ist im Vergleich eine negative Formulierung. Sie sagt aus, wovon Silvia sich entfernen wollte. Es war also eine Zustandsbeschreibung, die ihr negative Gefühle brachte. Desweiteren ist das „keine" darin ein Wort, dass unser Gehirn besonders im Stress einfach ausblendet. Genau so wie ein „nicht". Im Stress handeln wir nur positiv: Kämpfen oder flüchten.

Dazu hier ein kurzer Test: Denken Sie jetzt nicht an ein kariertes Maiglöckchen. Woran denken Sie gerade? Doch wohl nicht an ein kariertes Maiglöckchen? Die Worte „nicht" und „kein" bewirken also das Gegenteil von dem, was wir eigentlich wollen, wenn wir sie in eine Formulierung einbauen. Ich hoffe das karierte Maiglöckchen hat Sie nicht gestresst.

In Silvias Fall suggerierte ihr ihr Gehirn mit dem Satz „keine Angst haben, etwas falsch zu machen" genau das Gegenteil, nämlich „Angst haben und etwas falsch machen." Das schaffte definitiv ein negatives Gefühl. Formulierungen die unser Gehirn verarbeiten kann, sind zielgerichtet formuliert. Sie beschreiben den Zustand, den wir anstreben, so es nun, ob der Zustand positiv oder negativ zu bewerten wäre.

In der zweiten Antwort von Silvia finden wir ebenso einige „nicht" und ein „keinen". Im weiteren Coaching gingen wir vermehrt auf den letzten Satzteil ein: „Wichtig ist mir dabei, dass ich nicht mehr unsicher bin und keinen Stress mehr beim Reiten habe." Auch hier bleibt die Information „…dass ich unsicher bin und Stress beim Reiten haben" bei Silvia hängen.

In der dritten Antwort war alles positiv formuliert.

Silvia erhielt also den Auftrag, die Antworten auf die Fragen positiv zu formulieren. Zur Präzision ihrer Antworten stellte ich ihr als Hilfe Fragen.

Hier sehen wir das Ergebnis:

1. **Frage:**
   Was für einen Gewinn soll Dir dieses Coaching bringen?

   **Negative Formulierung**
   *Ich möchte mich mit meinem Pferd wohler fühlen und keine Angst mehr haben, etwas falsch zu machen.*

   **Unterstützende Frage zur positiven Formulierung**
   Wenn Du keine Angst mehr haben willst, etwas falsch zu machen, was willst Du dann?

   **Positive Formulierung**
   *Ich fühle mich mit meinem Pferd wohl und gehe sicher mit ihm um.*

2. **Frage:**
   Hat es ein bestimmtes Ereignis gegeben, dass Sich dazu veranlasst hat, etwas mit Deinem Pferd verändern zu wollen? Was ist Dir dabei wichtig?

   **Negative Formulierung**
   *Wichtig ist mir dabei, dass ich nicht mehr so unsicher bin und einfach keinen Stress mehr beim Reiten habe.*

   **Unterstützende Frage zur positiven Formulierung**
   Wenn Du nicht mehr so unsicher bist, was bist Du dann?
   Du willst keinen Stress mehr beim Reiten haben, sondern …?

**Positive Formulierung**
*Ich treffe selbstbewusst und sicher meine Entscheidungen und bin entspannt beim Reiten.*

3. **Frage:**
Wenn dieses Coaching Dir einen Gewinn bringt, was wünscht Du Dir ganz besonders, was sich für Dich und Dein Pferd verändert?

**Negative Formulierung**
*Ich möchte, dass mein Pferd nicht mehr so zappelig ist und mich nicht mehr so stresst, wenn ich es von der Koppel holen will.*

**Unterstützende Frage zur positiven Formulierung**
Sondern? Wie soll Dein Pferd sich stattdessen verhalten?

**Positive Formulierung**
*Mein Pferd vertraut mir und achtet auf mich. Ich habe Spaß mit meinem Pferd und mein Pferd ist gerne mit mir zusammen.*

> ZUM WEITERDENKEN
> **Merkmale einer positiven Zielformulierung:**
> positiv = ohne sprachliche Verneinung
> absolut = ohne Vergleich
> prägnant = ohne *will, kann, möchte*
> in der Gegenwart formuliert = so als ob das Ziel erreicht ist

Silvia beachtete auch diese Merkmale einer positiven Zielformulierung. Somit vermittelte sie ihrem Gehirn das Gefühl, ihr Ziel bereits erreicht zu haben. Nehmen wir nun noch einmal das Denkmodell auf, so hatte Silvia ihrem Denkprozess durch das gute Gefühl im Ziel einen positiven Impuls gegeben.

Sie spürte bereits das Gefühl des Erfolgs. Ihre Körperhaltung während der Vertiefung in ihr Ziel wurde selbstbewusster und sie gestaltete ihr Kopfkino positiv. Das, was sie vorher als Problem wahrgenommen hatte, war jetzt umgeformt in ein wohlformuliertes Ziel. Ihre Wahrnehmung war jetzt auf das geprägt, was sie anstrebte.

Ich unterstützte Silvia weiter darin, ihre Antworten so zu verfeinern, dass sie immer präziser in Richtung Ziel führten. Nach Beachtung aller positiven Merkmale der Formulierung hatte Silvia nach der Zusammenführung all ihrer Antworten folgenden Satz auf ihrem Arbeitsblatt stehen:

**Ergebnis**
*Meine volle Aufmerksamkeit ist bei meinem Pferd.*

Silvia hatte einen weiteren Schritt in Richtung Ziel geschafft. „Meine volle Aufmerksamkeit ist bei meinem Pferd." vervollkommneten wir nun gemeinsam weiter. Ihr Ziel war so gewählt, dass es in ihrer eigenen Kontrolle lag, es auch zu erreichen. Es war also individuell nur auf sie abgestimmt.

Nun kam ein Teil der Zielarbeit, den Silvia sehr genoss. Es ging darum, sich in das Ziel einzufühlen. Silvia erlebte in ihrer Vorstellung, wie es sein würde, im Ziel angelangt zu sein. Sie sah, hörte und fühlte den Zielzustand. Hierzu begab sie sich erneut auf ihren Lieblingsplatz im Sitzsack und betrat mit Hilfe meiner Fragen ihr angestrebtes Ziel.

„Silvia, wenn Deine volle Aufmerksamkeit bei Deinem Pferd ist, wo bist Du dann mit ihm?" Silvia schloss ihre Augen und entspannte sich auf dem Sitzsack: „Ich bin mit meinem Pferd auf dem Reitweg am See." Ich ließ diesem Satz einen kurzen Moment der Stille folgen, damit Silvia Zeit hatte, zu genießen: „Wenn Du mit Deinem Pferd auf dem Reitweg am See bist, was nimmst Du um Dich herum wahr? Was hörst Du, was siehst Du? Was riechst Du? Was schmeckst Du?" Mit diesen Fragen führte ich Silvia in den Zustand, zu erleben, wie es ist, mit allen Sinnen in ihrem Ziel zu sein.

Mit entspannt geöffneten Augen und einem weiten weichen Blick in unseren Garten ließ Silvia mich am Erleben teilhaben: „Ich höre ganz leises Vogelgezwitscher und ein dezentes Rauschen der Bäume, die unseren Reitweg umrahmen. Im Hintergrund lachen Kindern und Wasser plätschert. Unter den Hufen meines Pferdes knistern die Äste, die auf dem Weg liegen, das Leder des Sattels knarzt angenehm tief und mein Pferd schnaubt entspannt." Es folgte wieder ein Moment der Ruhe, in dem Silvia ihren Zielfilm mit all seinen Geräuschen auf sich wirken ließ. Sie schloss dazu ihre Augen wieder und ließ sich mehr in den weichen, sonnengewärmten Sitzsack sinken. „Wenn Du mit deinem Pferd auf dem Reitweg am See bist, die Vögel leise zwitschern, die Bäume dezent rauschen, Kinder im Hintergrund lachen, Wasser plätschert, unter den Hufen Deiner Pferde die Äste knistern, das Leder des Sattels knarzt und Dein Pferd entspannt schnaubt, was siehst Du dann?" führte ich sie weiter. Silvia atmete jetzt langsamer und entspannte sich beim Ausatmen: „ Ich sehe viel behagliches Grün um mich herum. Sonnenstrahlen blinken durch die Baumkronen und werfen schimmernde Lichtspiele auf den Weg. Der See schillert zwischen den Baumstämmen hindurch und ist glatt wie ein Spiegel. Auf dem See schwimmt eine Entenfamilie." Silvia begann jetzt von alleine, ihre Gedanken weiter zu formulieren: „Und lustig ist, dass ich jetzt so einen frischen Geruch von Waldluft in der Nase habe." Sie schmunzelte dabei und seufzte entspannt auf, hob ihre Nase und sog die Luft tief in ihren Brustkorb ein. Ich wartete einen Moment ab und beobachtete Silvia. Ihre Atmung blieb ruhig, ihre Augen waren geschlossen und ihre Arme und Beine lagen entspannt auf der warmen Unterlage. Da Silvia von sich aus nichts mehr ergänzte, ging es jetzt darum, ihre Sinneswahrnehmungen aus ihrem Zielfilm in ein Gefühl zu führen: „Genieße das, was Du siehst, was Du hörst und was Du riechst."

Wie fühlt es sich an, mit Deinem Pferd auf dem Reitweg am See zu sein?" Silvia atmete tief ein und sagte: „Es fühlt sich alles sehr einladend an. Das Atmen ist leicht und alles um mich herum ist weich und wohl tuend." In einer folgenden Pause konnte ich sehen, dass Silvia beim Träumen noch etwas entwickelte. Ich ließ sie entspannt ihre Gedanken weiter spinnen. „Ich fühle mich wie in einem ganz gleichmäßigen Kreislauf von geben und bekommen." Wunderbar. Silvia gab mir eine Steilvorlage, um den von ihr gefühlten Zustand in wenige Worte zu fassen. Mit einer abschließenden Frage bat ich sie, ihren jetzigen Gefühlszustand ganz kurz zu fassen: „Wenn Du Dich wie in einem ganz gleichmäßigen Kreislauf von Geben und Bekommen fühlst, finde ein

Wort oder ein Symbol, das diesen Zustand beschreibt." Silvia holte genussvoll Luft und sagte mit ganz entspannter Stimme: „Gleichgewicht. ... Ja, es ist alles im Gleichgewicht." „Dann genieße Gleichgewicht und spüre noch einmal ganz genau nach, wo das Gefühl Gleichgewicht in deinem Körper sitzt." Mit der Ankertechnik bekam Silvia die Möglichkeit, durch Zusammenlegen ihres Daumens mit dem Zeigefinger zu einem Kreis dieses Gefühl von Gleichgewicht, das ihrem Ziel entsprach, jederzeit wieder abrufen zu können, wenn sie es benötigte.

Einen weiteren positiven Impuls für Silvia und ihre Pferde brachte eine Alexander-Technik-Trainerin, die ich ihr empfahl. Sie unterhielt sich sehr angeregt mit Silvia, die ihr von ihren Problemen erzählte. Die Alexander-Trainerin zeigte ihr mit Mensch-zu-Mensch-Übungen, wie sie mit ihrem Körpersprache-Frage-Bombardement auf ihre Stute wirkte. Silvia versuchte ihre eigene Unsicherheit mit einem „Na ja, so empfindlich sind die Pferde nun auch wieder nicht" zu überspielen. Doch das Gespräch zeigte nach einigen Wochen seine Wirkung. Silvia nahm Reitstunden bei der Alexander-Trainerin. Sie begann quasi bei null. Wenn ich sie auf der Stute sitzen sah, dann ging sie entweder Schritt oder machte Übungen im Stand. Und das über eine lange Zeit von mindestens 3 Monaten. Das Reiten von Silvia wurde körperlich ruhiger, geistig konzentrierter und ihre Fragen an die Stute wurden damit eindeutiger.

Zwei Jahre nach unserem Umzug von Bayern nach Nordrheinwestfalen besuchte ich unseren damaligen Stall nach einem Training von mir in München. Silvia war mit ihren beiden Pferden noch immer dort. Es war wunderbar mit anzuschauen, wie interessiert die Stute wieder strahlte und der Wallach sehr entspannt von ihrer jetzt 12jährigen Tochter geritten wurde. Silvia hatte das Reiten für sich auf gemütliche Ausritte beschränkt. „Für mich ist viel Geradeaus wichtig. Das ist für mich schon ein sehr anspruchsvoller Dialog mit meinem Pferd. Die Kurven überlasse ich denen, die sich qualifiziert mit meinen Pferden unterhalten können." Eine schöne und sichtbar positive Entwicklung, die sich dort vollzogen hatte.

# Kommunikation

Kommunikation ist ein Austausch von Informationen. Wir kommunizieren mit unseren Mit-Menschen und natürlich auch mit unseren Pferden. Als Übertragungsweg für unsere in Worte gekleideten Informationen nutzen wir unsere Stimme. Bevor wir sprechen, überlegen wir bewusst, was wir sagen wollen. Das ist unsere verbale Kommunikation.

Begleitet wird unsere verbale Kommunikation von unbewussten Körperbewegungen und Gesten, die in der non-verbalen Kommunikation zusammengefasst werden. Wie viel Informationen vermitteln wir mit unserer verbalen und non-verbalen Sprache?

Das Verhältnis liegt bei 20 Prozent verbal und 80 Prozent nonverbal. Da achten wir bewusst auf jedes Wort, das uns über die Lippen kommt, drehen es dreimal um und unser Körper plaudert, wie ihm der Schnabel gewachsen ist, unsere unbewussten Geheimnisse und Gefühle aus wie ein offenes Buch. Das ist zwar ein wenig übertrieben formuliert, aber da wir unsere Körpersprache grundsätzlich unbewusst und automatisch einsetzen, bemerken wir nicht, was wir pantomimisch darstellen.

Vom Grundsatz aus ist es gut, dass wir nicht über unsere Körpersprache nachdenken müssen. Stellen Sie sich vor, Sie erzählen ihren Freunden eine Geschichte und müssten bewusst die Hände zur Betonung einsetzen. Das klappt nicht auf Anhieb und produziert so manchen Lacher, wenn die Worte etwas anderes als Ihre Hände sagen. Mit ein bisschen Übung kann man dann gewisse Pointen in der Geschichte bewusst unterstreichen oder sogar mit Absicht den Inhalt mit der Gestik konterkarieren. Die Hände übernehmen ungefähr 10 Prozent unserer Kommunikation, so haben wir mit ein wenig Übung 30 Prozent unserer Kommunikation bewusst im Griff.

Als weitere Sprachmedien können wir unsere Mimik, Stimmtonlage, Körperhaltung und -bewegung trainieren. Den verbleibenden Anteil unserer non-verbalen Kommunikation können wir über unsere Gedankenwelt und Gefühle beeinflussen.

Ein Pantomime setzt seine Körpersprache bewusst ein, um Geschichten ohne Worte zu erzählen, und wir verstehen ihn. Natürlich gibt es auch dabei Missverständnisse, wie in der verbalen Kommunikation leider auch zu oft.

Wie sieht es in der Kommunikation der Pferde aus? Pferde sind Muskelleser und nehmen sehr sensibel Gefühle über die Körpersprache auf. Wenn ein Tier in der Herde Gefahr wittert und seine Muskulatur zum Spurt anspannt, spannen im selben Moment die anderen Tiere auch ihre Muskulatur an. Es geht hier um Millisekunden, die über Leben und Tod entscheiden. Bei unseren domestizierten Pferden kommt das Wiehern als Vertonung eines Unbehagens dazu, z.B. wenn ein Tier von seiner Herde getrennt wird und das Gefühl bekommt, nicht mehr zurückkehren zu dürfen. Zwischen den Pferden in der Herde gibt es eine Vielzahl von Körpersprachesignalen mit den Ohren, der Kopfhaltung, der Schweifaktion und anderes. Wenn man sich ein wenig Zeit nimmt, ist es sehr interessant eine Pferdeherde mit ihrer vielfältigen Körpersprache zu beobachten.

Kommunikation ist der Austausch von Informationen. Wenn wir in ein fremdes Land reisen, ist es für uns hilfreich, wenn wir die Landessprache ein wenig verstehen und sprechen können. Und jeder hat schon Erfahrungen gemacht, wie viele Missverständnisse in dem Einsatz mit Händen und Füßen liegen können. Als Pferdebesitzer reisen wir in das Land der Pferde. Als Trainerin ist es meine Aufgabe, Sie über dieses Land zu informieren und Sie darin zu begleiten.

### Ulli und ihre Haflinger-Stute Hanni

In diesem Zusammenhang erhielt ich einen Einblick in Ullis Welt, in der sie mir ihre Problematik mit ihrer Haflingerstute Hanni darlegte. Sie beschrieb sehr gefühlvoll und plastisch, was sie sich von ihrem

Pferd wünschte und was sich davon in der Realität umsetzen ließ. Ulli träumte davon, mit Hanni Wanderritte zu unternehmen und all die weiteren schönen Dinge zu erleben, die ihr das Gefühl von Freiheit, Unabhängigkeit und Abstand vom Alltag geben würden. Hanni hatte eine andere Auffassung von Freizeitgestaltung. Sie gab Ulli zu verstehen, dass sie lieber mit ihren Freundinnen in der Herde herumzustehen würde.

Ich traf Ulli bei sich auf dem Reithof. Sie war erst kurze Zeit als Einstallerin mit Hanni dort. Ulli gesellte sich zu mir, als ich nach einem Training auf meiner Picknickdecke inmitten der grasenden Stuten auf der großen Koppel saß und an einem Trainingskonzept schrieb. Sie war begeistert von meinem „Naturbüro" und nahm meine Einladung, sich neben mich auf die Decke zu setzen, mit einem strahlenden Lächeln an. Schon nach wenigen Minuten sprudelte aus Ulli ihre Geschichte in allen Einzelheiten heraus. Beim Erzählen kullerte sie mit ihren Augen, schaute in alle Richtungen und gestikulierte wild mit ihren Händen. Ich freute mich über so viel lebendige Kommunikation. Ulli schien eine lebensfrohe Frau mit vielen Träumen und Wünschen zu sein. Als wir zum Thema Hanni kamen, wurde die Stimmung allerdings ein wenig gedämpft. Ulli erzählte, wie viele Gedanken sie sich über Hanni machen und wie sehr sie sich kümmern würde. Sie hatte jede Menge Equipment im Spind liegen, die Pferde glücklich machen sollten - jedenfalls nach der Werbung.

Mit Hanni hatte Ulli sich nach langen Jahren ohne Pferd einen großen Traum erfüllt. Ulli war bis zu ihrem Studium freizeitmäßig Dressur geritten. Damals liebte sie die Eleganz und empfand es als „normal", dass Pferde mit vielen Hilfsmitteln in eine zwanghafte Körperhaltung gebracht wurden. Sie hatte diese Art des Reitens damals nicht in Frage gestellt.

Erst als eine Arbeitskollegin von ihrem Pferd erzählte, mit dem sie Wanderritte unternahm, bekam Ulli einen Einblick in eine andere, zwanglose Welt mit Pferden. Die vielen lebendigen Erzählungen über Wanderritte machten Ulli neugierig. Ihre Kollegin zog sie mit ihren funkelnden Augen und lebhafter Körpersprache in ihren Bann. Ulli buchte kurzerhand einen Halbtagesritt in der Eifel. Die Gruppe mit fünf lustigen Leuten und fünf treuen Haflingern machte den Ausflug zu einem gefühlvollen Ereignis mit Folgen: Ulli kaufte sich wenig später eine Haflingerstute.

Die Offenstallhaltung, für die Ulli sich entschieden hatte, war für sie etwas ganz Neues. Aus ihrer Vergangenheit kannte sie nur das Holen aus der Box. Mit dem Holen und Bringen von und zur Weide hatte sie noch nie etwas zu tun gehabt. Wenn Ulli sie zum gemeinsamen Training holen wollte und Hanni stand alleine, fühlte Ulli sich ganz wohl. Doch das Holen aus der großen Gruppe im Offenstall bereitete ihr Sorgen. Schnell fühlte sie sich bedrängt, wenn beim Aufhalftern von Hanni andere Stuten dicht an sie heran kamen. Sie wurde dann schnell hektisch und Hanni quittierte dies mit Zickereien wie Kopfwegreißen und Abwenden. In diesen Momenten hatte Ulli Angst, dass sie von den Stuten getreten werden könnte - wurde sie doch schon so oft angerempelt und geschubst. Die Angst schränkte Ullis Freiheit ein. Es war schon einige Male vorgekommen, dass sie Hanni in der Gruppe gelassen hatte, weil alle Pferde so dicht beieinander standen. Neidvoll hatte sie daher beobachtet, dass am Stall einige Pferde auf Pfeifen oder Zurufen zu ihren Besitzerinnen liefen. Wie sehr wünschte sie sich, dass Hanni ihr einmal freiwillig von der Weide folgen mochte. Sie fand es ganz schön peinlich, dass sie immer Zwang mit Halfter und Strick ausüben musste, um Hanni zum Mitkommen zu bewegen. Und selbst das ignorierte Hanni manchmal. „Die Stute versteht einfach nicht, was ich von ihr will", resümierte Ulli. Ja, was wollte Ulli eigentlich von Hanni? Ulli träumte von Freiheit und Unabhängigkeit. Doch was bedeutete diese Freiheit und Unabhängigkeit für ihr Pferd?

Als Beutetier strebt ein Pferd nach einem Höchstmaß an Sicherheit für sein Leben. Diese Sicherheit erhält das Pferd durch die Herdengröße und durch seine Position in der Herde. Raubtiere reißen pro Angriff nur ein Pferd aus der Herde, eine große Herde verringert also die Chance, Beute zu werden. Darüber hinaus sehen und spüren mehr Augen und Ohren Gefahren schneller. Die Raubtiere erreichen beim Reißen die am Rand stehenden Pferde der Herde zuerst. Die inneren Plätze in der Herde sind demzufolge die sichersten. Dementsprechend ist die Rangordnung innerhalb der Herde ausgerichtet. Die Ranghöheren, also durchsetzungsstärkeren Tiere und auch die gesunden jungen Pferde stehen zentraler.

Wie sieht es nun in der Welt von Ulli und Hanni aus? Ulli träumte davon, alleine mit ihrem Pferd in fremden Landschaften unterwegs zu sein, den freien Wind um die Nase zu spüren und neue Abenteuer zu erleben. Hannis Glück war es, zentral und sicher in ihrer gleichsprachig kommunizierenden Herde in bekannter Umgebung zu stehen, friedlich vor sich hin zu dösen und gemeinsam zu fressen. Gegensätzlicher können die Träume gar nicht sein.

**Kommunikation der Pferde**

Ulli und ich betrachteten in Ruhe die Pferde, die friedlich in der Herde grasten. „Ich finde es immer wieder erstaunlich, wie sich Pferde nur mit Körpersprache verstehen", gab Ulli in die schweigende Runde. „Wenn ich diese Gruppe hier jetzt stehen sehe, finde ich es super entspannend sie zu beobachten. Dass Du an meiner Seite sitzt, gibt mir viel Sicherheit. Aber wehe, ich stehe auf, gehe alleine auf Hanni zu und versuche sie dann aufzuhalftern. Da sackt mir das Herz in die Hose und in mir steigt die Panik hoch. Dieses Gefühl hatte ich in der Wanderreitstation noch nicht. Da hat die Besitzerin mit mir zusammen das Pferd geholt, mir gezeigt, worauf ich achten muss und mir genau gesagt, was ich tun soll. Da hat alles geklappt. Der Haflinger dort war ruhig und kam einfach mit. Manchmal verstehe ich die Welt nicht mehr."

Ulli war etwas Entscheidendes entgangen: Sie hatte von der Wanderrittführerin jede Menge Sicherheit mit konkreten Anweisungen bekommen, die sie einfach umgesetzt hatte, ohne viel darüber nachzudenken. Hinzu kam, dass der Haflinger, der sie auf dem Rücken durch die Eifel getragen hatte, diesen Job bereits einige Jahre auf seinem bekannten Terrain machte. Sein ruhiges Gemüt, nach dem die Besitzerin ihn ausgesucht hatte, tat das Weitere dazu, dass Ulli ganz entspannt und freudig an diesem Ritt teilgenommen hatte und alles Drumherum glatt gelaufen war.

Mit ihrer Stute Hanni sah die Welt ganz anders aus. Hanni war Ullis eigenes Pferd. Mit dem Kauf übernahm sie Verantwortung und sie musste eigene Entscheidungen treffen. Die Unsicherheit mit Hanni begann schon mit der Entscheidung, welchen Sattel Ulli kaufen sollte. Sie hatte sich ausgiebig informiert und fühlte sich förmlich erschlagen von dem großen Angebot auf dem Markt. Jeder Experte erzählte ihr etwas anderes. Laut der Vorbesitzer hatte Hanni keine wirkliche Ausbildung genossen. Sie war dreijährig angeritten worden und seither nur im Gelände unterwegs. Nun war sie acht Jahre alt. Ulli hatte Angst, beim Reiten etwas falsch zu machen und Hannis Gesundheit damit zu schaden. Zusätzlich dachte Ulli bei Fehlern in den Augen der anderen Einstallern als unfähig bewertet zu werden. Sie wollte sich diese Blöße jedoch nicht geben und versuchte so gut es ging, als kompetent aufzutreten. All das redete sie sich vom Herzen.

Wir schauten noch ein wenig auf die Pferdegruppe, als eine der Stuten plötzlich die Ohren anlegte, den Kopf nach vorne unten ausstreckte und mit dieser Geste eine andere Stute vertrieb. „Hier, schau Dir das mal an. So möchte ich am Pferd sein. Auftreten und sagen, wo es lang geht. Und Hanni lässt sich darauf ein und sagt mir Jo, alles klar, Ulli, ich gehe!"

Ich rutschte für einen Moment in die Rolle der Trainerin und sagte herausfordernd: „Dann mach es so!" Ungläubig schaute Ulli mich an: „Sehr witzig. Mach Du es mir vor, dann reden wir noch mal drüber."

Ich ging zu Hanni. Doch ich hatte einen Hintergedanken. Ulli sollte ihre Denkweise „Das geht nicht" umwandeln in „Es geht" und mich im Verhalten kopieren. Die zehn Stuten vor uns standen dicht gedrängt um Hanni herum, die sicher in der Mitte graste. Ich ging auf direktem Weg zu Hanni und alle Stuten, die auf meinem Weg grasten, wichen zur Seite. Auch das Aufhalftern von Hanni klappte auf Anhieb. „Super, jetzt kann ich Hanni mitnehmen und mit ihr trainieren" sagte Ulli und stand voller Elan von der Decke auf. Genau das hatte ich erwartet. Ich nahm Hanni das Halfter wieder ab, was Ulli mit Protest und einer zusammenfallenden Körperhaltung kommentierte: „Och nee, warum das denn? Du hattest Hanni so schön am Strick." „Genau, i c h hatte sie am Strick. Was bringt Dir das? Bin ich immer da, wenn Du Hanni holen willst?"

Es war erstaunlich, wie schnell Ulli ihre Körpersprache geändert hatte. Als sie gesehen hatte, wie leicht sich Hanni von mir holen ließ, übernahm sie durch Modeln von mir spontan die Fähigkeit, es auch zu tun. Ulli fühlte sich durch das Beobachten meiner Aktion mit Hanni für einen kurzen Moment so, als hätte s i e es geschafft, einfach zu ihrer Stute zu gehen und sie aufzuhalftern. Ihre Körperspannung war erhöht, ihre Augen strahlten und sie saß beim Beobachten meiner Aktion kerzengerade. In Gedanken hätte sie Hanni schon holen können, denn die Vorstellung beim Modeln hatte ihr die Fähigkeiten zum Tun bereits gegeben. Unserem Gehirn ist es egal, ob wir etwas real erleben oder wir es uns nur vorstellen. Der nächste Schritt es dann aber auch real zu tun, fiel ihr, wie vielen anderen Menschen auch, sehr schwer. Sie hatte einfach Angst, es könnte doch nicht funktionieren und sie würde von anderen ausgelacht. Ihr Schweinehund trat in Aktion mit den Worten: Träumen, liebe Ulli, darfst du, aber mache dich nicht lächerlich.

Wie oft höre ich den Satz: „Was denken bloß die anderen?" Genau dieses Kopfkino spukte in Ulli auch. Ihre Körpersprache sagte es mir: Ihre Schultern hingen, ihr Blick war zum Boden gerichtet und ihre Schritte waren zögernd. So kam sie auf mich zu und versuchte, wie ich es vorher getan hatte, eine der Stuten aus dem Weg zu dirigieren. Doch die Stute bewegte sich nicht einen Millimeter. „Siehst Du, es geht nicht. Ich kann das einfach nicht." Wie war das noch mit dem Gefühl und dem Denken? Richtig, so wie wir fühlen, laufen auch unsere Gedanken. Und die Gedanken beeinflussen wieder unser Handeln und unsere Körpersprache. Ulli drückte mit ihrem Körper Unsicherheit aus und Hanni als Experte für Körpersprache dachte: „Okay, Du bist unsicher. Wenn ich Dir folgen würde, würde ich mein Leben gefährden. Also entscheide ich lieber selbst." Wie ich später erfuhr, war es beim Reiten ebenso. Hanni traf ihre eigenen Entscheidungen zu Tempo und Richtung. Sie hatte also definitiv die Führung.

Das Hanni sich von mir aufhalftern ließ und willig stehen blieb, lag nicht daran, dass ich zaubern konnte. Es war die klare Vorstellung vom Holen und Aufhalftern, die ich im Kopf hatte. Zum einen, weil ich es schon bei einer Vielzahl von Pferden gemacht und Routine entwickelt habe und zum andern, weil ich sicher in meiner Entscheidung war. Ich hatte keinen Schweinehund, der mir im Kopfkino ausmalte, was wohl die anderen sagen, wenn es jetzt nicht funktionieren würde. Es ist mir nämlich egal. Mir ist wichtig, was ich von mir selber denke. Und nur das kann ich selbst verändern. Wenn ich aus Angst vor dem Gerede anderer etwas nicht tue, was ich eigentlich gerne machen würde, entsteht ein Teufelskreis. Ich werde unzufriedener, weil ich mich selbst einschränke und werde immer unflexibler in meinem Denken. Und meine Schweinehunde freuen sich Löcher in den Bauch, haben sie es doch wieder einmal geschafft, mir meinen Wunsch madig zu machen.

> **ZUM WEITERDENKEN**
> Warum war die Meinung der anderen Einstaller Ulli so wichtig? Es liegt an unserem angeboren Wunsch, von unserer sozialen Gemeinschaft anerkannt zu werden. Manche Menschen brauchen das tägliche Schulterklopfen wie das Glas Wasser und tun Dinge, die sie sonst nicht machen würden. Manchmal führt dieser Wunsch uns in die Irre und wir vergessen, dass wir auf uns achten müssen.

Um sicher zu sein, dass Ulli meine Unterstützung annehmen wollte, fragte ich nach. Ein Trainer braucht immer einen Auftrag. Ich erhielt den Auftrag.

Um Ulli aus ihrem Teufelskreis der Einschränkungen zu holen, nutzte ich den Reithof des Lernens und definierte mit ihr das Ziel mit Hanni. Wir landeten bei der Formulierung: „Ich sage mir laut und deutlich, was ich will." Um dieses Ziel zu erreichen, benötigte Ulli eine Vorstellung davon, was sie denn wollte. Mit Hilfe einiger Fragen kam sie zu dem Ergebnis, dass sie im Gelände glücklich wäre. Sie sprach es sich auf der Wiese sitzend laut vor: „Ich reite im Gelände." Um dies zu verwirklichen, benötigte sie Fähigkeiten, die sie so beschrieb: „Orientierungsfähigkeit, Lenken, Bremsen, Halten, Starten, Aufsitzen, Absitzen, Mut, Führen, Vertrauen und Abschnitte erkennen." Wir fanden heraus, dass sie bereits viele dieser Fähigkeiten besaß, ihr fehlten noch Mut und Vertrauen.

Gründe dafür fanden sich einige Zeit später in einem persönlichen Coaching mit ihr in einem anderen Zusammenhang, der hier den Rahmen sprengen würde. Mit Hilfe der Ankertechnik füllte ich Ullis mentalen Speicher für Mut und Selbstvertrauen auf. Nun ging es darum, was Ulli konkret in die Tat umsetzen konnte, um die ersten Schritte in Richtung Ziel zu gehen. Aus den Fähigkeiten nahmen wir die des Führens heraus, die Ulli als Kernkompetenz herausgearbeitet hatte. „Pferde folgen nur dem, der ein klares Bild von dem hat, was passieren soll. Was bedeutet dies jetzt für das Führen?" „Naja, ich sollte schon wissen, wo ich als nächstes hingehen will, um mich selbst führen zu können", bemerkte Ulli treffend. Genau dies trainierten wir mit dem Blick. Ulli schaute nun beim Gehen nicht mehr mit gesenktem Kopf auf den Boden, sondern vorausschauend mit aufgerichtetem Körper und weichem Blick auf

den nächsten markanten Zielpunkt. So war es Hanni in der Mitte der Gruppe, die ihr nächstes Ziel darstellte. Ulli veränderte im Denkmodell also ihr Gefühl mit Mut und Selbstvertrauen und konnte ihr Denken so klar auf ein Ziel richten. Sie dachte daran, wohin s i e wollte. „Ich gehe zu Hanni", sagte sie laut und deutlich zu sich selbst und ging mit zielgerichteter Körpersprache auf Hanni zu. Und es passierte das, was sie in der Vorstellung erarbeitet hatte. Die Stute, die als erstes auf ihrem Weg stand, hob den Kopf vom Gras, als Ulli sich ihr näherte. Ulli hob die Hand so, als wollte sie die Stute wegschieben. Und diese Stute machte einen Schritt zur Seite. Ulli lachte verlegen und war sichtlich irritiert über ihren Erfolg. Sie blieb einen Moment stehen und atmete tief durch. Ihr weicher Blick wanderte wieder zum eigentlichen Ziel.

Als Ulli Hanni erreicht hatte, sprach sie laut, was der nächste Schritt war: „Ich halftere Hanni auf." Gesagt, getan. Ulli streifte Hanni das Halfter über den Kopf. Vor Aufregung zitterten ihr die Hände und ich sah in Ullis feuchte Augen: „Ich fühle gerade richtig viel Stolz in mir aufsteigen. Es sieht zwar nach nichts aus, was ich hier mache. Aber das Gefühl für mich ist wirklich der Hammer." Dies war für mich der Einsatz, dieses gute Gefühl sofort zu ankern, um es Ulli jederzeit wieder zugänglich zu machen. Auf dem Weg zum Koppelausgang trainierte Ulli erfolgreich ihren weichen, zielgerichteten Blick. Hanni folgte. Die Fähigkeit „Vorauszuschauen" brachte Ulli später im gemeinsamen Reit-Training schnell Erfolge.

Sie hatte einen sehr guten Sitz, der ihr auch ohne Sattel sehr viel Sicherheit gab. Mit Hilfe von Gegenständen, die wir in der Halle positionierten, festigte Ulli ihre Fähigkeit, vorauszuschauen. Der Mut, das Selbstvertrauen und das neu geankerte Hammer-Gefühl führten Ulli zu einer Sattelentscheidung. Sie verhandelte mit einem Sattler, der ihr für drei Wochen einen Wanderreitsattel zur Verfügung stellte. Er sollte folgende Bedingungen erfüllen: Gute Passform für das Pferd, Bequemlichkeit für Ullis Po und wenig Gewicht. Durch die zielgerichteten Bedingungen war es für Ulli leicht, schnell und sicher zu entscheiden, dass der zur Verfügung gestellte Sattel nicht in Frage kam. Sie fand einen weiteren Sattler, der ihr einen maßgefertigten Wanderreitsattel zu einem fairen Preis anbot. Hanni wurde durch die Veränderung von

Ulli sehr viel aufmerksamer. Ulli erkannte: „Durch meine eigene Klarheit spreche ich halt kein Kauderwelsch mehr mit Hanni. Und ich bin so stolz, dass ich jetzt Hanni mühelos aus der Pferdegruppe holen kann." Ulli bat mich sie für die ersten Ausritte als Sicherheitsanker zu begleiten, was ich gerne tat. Da sie die Ankertechnik bereits beherrschte, fand sie einen eigenen Körperanker, den sie vor jedem Ritt auslösen konnte. Für ihr gutes Gefühl! Und Hanni war im Gelände eine Lebensversicherung.

Auch diese Geschichte verdeutlicht, dass eine Veränderung des Gefühls im Denkmodell das Denken und das Handeln mit verändert. Bei Ulli nutzte ich zudem noch meine Rolle als Modell, in dem sie mein Verhalten am Anfang des Trainings kopierte, um zu bewusster Kompetenz zu gelangen. Dies war ein gelungener Einstieg in ein erfolgreiches Training, wenn es um die Bewältigung von Angst und Unsicherheit geht.

Wenn Sie einen Trainer für sich gefunden haben, nutzen sie ihn als Vorbild für neue Kompetenzen, die sie erwerben wollen. Lassen Sie ihn etwas vormachen, wenn sie sich unsicher fühlen. Finden Sie heraus, welche Fähigkeiten Sie ganz besonders an ihm mögen und kopieren Sie diese einfach. Ich mag zum Beispiel den entspannten Sitz und den Blick meines Westerntrainers Paul, wenn er die Pferde mit einem Moment des „Nicht-Tuns" belohnt. So beginne ich jedes Reiten mit diesem Sitz und dem entspannten Blick und genieße, wie in mir eine gute Stimmung und eine Lockerheit aufsteigen.

# Alltägliches

Es gibt Situationen, die wir mit unseren Pferden immer wieder erleben. Sie sind fester Bestandteil unseres täglichen Lebens mit ihnen. Mir fällt da beispielsweise aufhalftern, führen, anbinden oder frei stehen und putzen ein. Sicher können Sie diese Reihe noch mit weiteren alltäglichen Gegebenheiten ergänzen. Pferde als Beutetiere sind immer auf der Suche nach Sicherheit. Und besonders in den immer wiederkehrenden Aktivitäten können wir ihnen einen großen Teil von dieser Sicherheit geben. Denn Pferde beziehen nicht nur Sicherheit aus der Struktur, also dem festen Rahmen, den wir ihnen geben, sondern leiten aus den Rahmen auch unsere Führungsqualitäten ab.

## Karola und ihr Pinto-Wallach Jelly – Sind Gefühle im Training hilfreich oder nicht?

Karola trainierte mit mir gemeinsam ihren jungen Wallach Jelly. Sie hatte sehr wenig Erfahrung mit Pferden und war dazu noch sehr ängstlich, Neues auszuprobieren. In den ersten Trainingseinheiten begannen wir mit Führübungen. Karolas Schokoseite war das Führen auf der linken Hand. Auf der anderen Hand hatte sie extreme Schwierigkeiten den Führstrick und die Peitsche in beiden Händen zu halten und gleichzeitig ihre Bewegungen zu koordinieren. Um Jellys rechte Hand auf der Außenbahn des Roundpen zu führen, musste sie sich daher sehr auf sich selbst konzentrieren. Viele von uns kennen das. Wir sind in diesen Momenten des Sich-Konzentrierens so mit uns selbst beschäftigt, dass wir unserem Pferd für einen Augenblick keine Aufmerksamkeit schenken können. Das sind dann die Gelegenheiten, in denen unser Pferd seine eigene Entscheidung trifft. Es rempelt, es bleibt stehen, es wird schneller, es dreht sich in eine andere Richtung, es nimmt den Kopf zum Grasen herunter - eine Reihe von Reaktionsmöglichkeiten, die sich endlos fortsetzen lässt. Der Wallach von Karola begann in diesen Momenten der Unaufmerksamkeit elegant und schnell wie ein Wiesel, den Raum einzunehmen, der eigentlich Karola gehörte. Dazu nahm er für einige Schritte richtig Fahrt auf, drehte sein Hinterteil geschmeidig von Karola weg, stand blitzschnell dicht vor ihr und drängelte sie weg. Bei der ängstlichen Karola löste diese Reaktion sichtbares Herzklopfen und ein Gefühl der Beklemmung aus. Sie wich, um diesem Gefühl auszuweichen, reflexartig einen Schritt zurück. Damit hat Jelly das erreicht, was die Führungsfrage klärte: Er bewegte Karola und fühlte sich sogar in seiner Entscheidung, eigene Wege zu gehen und die Führung zu übernehmen, bestätigt.

Der Trainingsstart bestand darin, Karola wieder handlungsfähig zu machen. Mit Peitsche und Strick war ihr Gehirn so damit beschäftigt, alles zu koordinieren, dass es aussah, als wäre sie gefesselt. Also löste ich die Fesseln: Ich gab ihr den Tipp, die Peitsche wegzulegen. „Das geht?", fragte sie ungläubig: „In meinen Schulungsvideos hatte der Trainer immer Strick und Peitsche in den Händen." Ich schaute ihr in die Augen und lächelte sie an: „Und Du glaubst, diese Regel ist in Stein gemeißelt?" „Ja – nein, ich weiß nicht", stammelte sie. „Dann meißeln wir eine zweite Regel daneben. Die erste Regel muss ja gar nicht schlecht sein, aber sie ist für Dich jetzt noch nicht anwendbar. Jellys Feedback ist da gnadenlos ehrlich. Also probiere etwas anderes aus. Ich habe beim Führen gesehen, wie virtuos Du den Strick in der Hand hältst und dabei eine stimmige Körpersprache hast." Ich stellte mich schräg hinter Karola und sandte ihr mit meinen Gedanken den Mut und die Gelassenheit hinüber, die sie brauchte, um Neues auszuprobieren.

Nicht dass Sie glauben, dass hier eine Gedankenübertragung abgelaufen wäre. Wir senden mit unserem Körper ständig Signale über unsere Gefühlswelt. Sind wir traurig, dann lassen wir den Kopf hängen, sind wir mutig, dann stehen wir aufrecht mit klarem Blick da. Dieses angeborene Verhalten, Gefühle über die Körpersprache zu zeigen, habe ich für Karola in dem Bewusstsein genutzt, dass sie mich sofort unbewusst spiegelt.

> **ZUM WEITERDENKEN**
> Auch wir Menschen haben die Fähigkeit, die Muskelspannung und Haltung des anderen zu lesen. Ist Ihnen nicht schon einmal aufgefallen, dass in einem sympathischen Gedankenaustausch Ihr Gesprächspartner die gleichen Handbewegungen wie Sie macht? Falls sie noch einen Kick draufsatteln möchten, dann bewegen sie Ihre Hände bewusst. Wenn Ihr Partner dann folgt, dann führen sie ihn, ohne dass er es merkt.

Karola bekam die Aufgabe einfach mal auszuprobieren, wie sie Jelly auch nach einem so geschmeidigen selbst initiierten Richtungswechsel weiter bewegen konnte. Da sie sich mit ihm auf der linken Hand viel besser fühlte, wechselte sie nach dem Richtungswechsel ganz elegant auf die „gute" Seite zurück und führte wieder auf der linken Hand. Ich konnte förmlich sehen, wie ihr Herz einen Luftsprung machte. Sie freute sich riesig, eine so elegante Art gefunden zu haben, ihrem „Problem" aus dem Weg gehen zu können. Manchmal ist es so einfach, man nehme den Menschen ein Teil weg und schon sind sie wieder handlungsfähig. Karolas Fähigkeiten erlaubten ihr zum damaligen Zeitpunkt, das Pferd mit dem Strick in der Hand zu longieren.

Für sie war es in diesem Moment ohne Peitsche zu longieren die beste Entscheidung. Sie basierte auf ihren bisherigen Erfahrungen und ihren Fähigkeiten. Damit gelang es ihr, das unangenehme Gefühl der Beklemmung gegen einen positiven Luftsprung einzutauschen.

Einige Leser werden jetzt denken: „Sauber. Da durfte Jelly seinen Willen doch durchsetzen. Also wird er es immer wieder versuchen und seine Besitzerin wird ein Leben lang korrigieren müssen." Völlig korrekt, wenn sie immer bei dieser Reaktion geblieben wäre und nicht dazu lernen würde. Jelly wollte durch seinen Richtungswechsel eine Pause erreichen, schließlich ist er ein Energiesparer. Die Pause bekam er aber durch Karolas Manöver nicht mehr. Der Trainingsansatz war der, ihn weiter in Bewegung zu halten. Somit konnte Karola ihm klarmachen, dass er keinen Gewinn durch seine Richtungsänderung mehr bekam. Statt einer Pause durfte er mehr arbeiten. Bei den Aussichten überlegt ein Energiesparer zweimal, ob er eigene Wege gehen möchte.

Für Karola war es wichtig, das unangenehme Gefühl in ein schönes Gefühl umwandeln zu können. Sie hatte durch diesen ersten Trainingsschritt eine Möglichkeit, die nicht gewünschte Situation gelassen umzukehren. Sie behielt die Führung inne. Das gab ihr mehr Ruhe und Sicherheit. Karola entspannte sich sichtbar, schmunzelte und konnte sich immer besser auf der trainingsbedürftigen rechten Hand koordinieren. Da die Pferde uns 1:1 spiegeln, wurde auch Jelly auf seiner schwächeren rechten Hand ruhiger und konzentrierter. Er wurde für die ersten Schritte in die richtige Richtung nun mit einer Pause belohnt. Als er merkte, dass Karola in ihrer Aktion schneller wurde und ihn nicht mehr stehen ließ, sondern auf der anderen Hand weiter bewegte, lief er auch auf der schwächeren rechten Hand flüssiger und aufmerksam. Denn nur dieses Verhalten brachte ihm jetzt das Lob in Form einer Pause ein. Und wer ein richtiger Energiesparer ist, wird gerne mit Pausen belohnt.

## Katja und ihr Warmblut-Wallach Manfred – Von der Koppel holen

Ich kann mich noch sehr gut an eine junge Frau erinnern, die mich zu sich und ihrem Pferd Manfred holte. Die Schilderungen von Katja über ihren Warmblüter waren sehr dramatisch. Die beiden waren erst drei Monate ein Team. Katja hatte Manfred von einem älteren Herrn gekauft, der aufgrund seiner Gesundheitssituation das Reiten aufgegeben hatte. Anfänglich kam sie gut mit ihrem neuen Wallach klar. Sie ritten in der Halle und am Platz und waren auch schon im Gelände unterwegs. Doch Manfred wurde auf den Ausritten immer schreckhafter und ließ sich seit einigen Tagen nicht mehr von der Koppel holen. Und wenn es Katja doch gelang, ihn mit aller Kraft zum Putzplatz zu zerren und anzubinden, riss sich der Wallach wieder los und rannte zurück zu seiner Herde an den Koppelzaun. Keiner am Stall hatte auch nur die leiseste Idee, warum der Wallach sich so verändert hatte. Katja selbst war ratlos und traute sich kaum noch an Manfred heran. Sie hatte schon viele Tipps von anderen bekommen, doch nichts hatte Manfreds Verhalten ändern können. Ganz im Gegenteil, der Umgang mit Manfred wurde eher schwieriger. Katja war unsicher und suchte die Erklärung der Situation darin, dass die Chemie zwischen Manfred und ihr einfach nicht passte. Doch sie fühlte sich nicht sehr wohl mit diesem Gedanken. Aus ihrer Sicht musste es eine Möglichkeit geben, die das Verhalten von Manfred so veränderte, dass sie wieder ein gutes Gefühl in seiner Nähe hatte. Sie hatte schließlich so lange nach einem passenden Pferd für sich gesucht. Sie konnte sich in Manfred nicht täuschen.

### ZUM WEITERDENKEN

Mit Blick auf das Denkmodell litt Katja an einer Disharmonie zwischen ihrem Wunsch nach einem zu ihr passendes Pferd und der Realität des Pferdeverhaltens. Ihr Autopilot versucht diese Disharmonie mit folgenden einfachen Ideen aufzulösen: Der andere ist Schuld und mit genug Einsatz sieht der andere seine Schuld ein und ändert sein Verhalten. Vorteil für Katja: Sie kann ihr Verhalten beibehalten und hat Zeit gewonnen. Nachteil: Zeit und Einsicht anderer kostet Geld. So verbringt Katja viele Stunden mit Trainern, Tierärzten, Osteopathen etc. auf dem Hof in der Hoffnung, Walter würde es ihr danken. Walter ist ein Pferd mit klaren Verhaltensregeln für den Augenblick. Als Beutetier kann jederzeit das Leben vorbei sein. Ob dazu Dankbarkeit als längerfristiges Wohlverhalten gegenüber uns Menschen zählt, lege ich in die Diskussion der Tierpsychologen. Vielleicht ist Dankbarkeit eine Wunschvorstellung, die wir Menschen in unsere Pferde projizieren, und fühlen uns bestätigt, wenn sie sich für den Moment zu uns wenden. Katja braucht einen Trainer, der nicht nur ihr Pferd, sonder auch behutsam auf sie eingeht.

An einem herrlichen Sonnentag im Frühherbst trafen wir uns zum ersten Trainingstermin. Nach Katjas Schilderungen zur täglichen Routine am Pferd, starteten wir mit der praktischen Analyse des täglichen Umgangs. Wenn sich ein neues Mensch-Pferd-Paar bildet, müssen sich beide auf neue Umgangsformen einstellen. Durch den „Führungswechsel" stellt sich die Frage für das Pferd: Lieber Mensch, sorgst Du für meine Sicherheit? Genau so war es auch bei Katjas Wallach Manfred. Was war die Ursache für sein Verhalten? Nachdem Katja durch den Tierarzt eine Erkrankung oder Schmerzen bei Manfred ausgeschlossen hatte, fragte sie sich nun nach unserem einführenden Gespräch, ob ihr Umgang mit dem Wallach vielleicht ganz anders war, als der, den Manfred von dem älteren Herren gewohnt war. Schließlich war der Wallach bei dem älteren Herren völlig entspannt, hatte sich anbinden und putzen lassen und war auch im weiteren Umgang absolut ruhig.

Die Pferde standen den Tag über in kleinen Gruppen auf der Wiese und hatten reichlich Auslauf. Katja erhielt nun die Aufgabe, Manfred, so wie sie es immer tat, von der Koppel zu holen und ihn zu putzen. Meine Aufgabe als Trainerin war es zu beobachten. Katja ging mit dem Halfter ausgestattet zu Manfred auf die Wiese. Sie näherte sich ihrem Pferd in zügigem Tempo, wobei sie ihren Körper frontal zu seiner linken Körperseite ausgerichtet hatte. Der Wallach hatte sie bereits bemerkt, nahm den Kopf hoch und schaute zu ihr herüber. Als Katja sich

Manfred auf ungefähr fünf Meter näherte, setzte er sich in Bewegung und entfernte sich von ihr. Katja folgte ihm, ohne ihr Tempo zu verändern. Der Abstand zwischen den beiden vergrößerte sich sichtbar, denn ihr Pferd erhöhte sein „Fluchttempo". Jetzt beschleunigte auch Katja ihre Schritte. Dieses Fangspiel dauerte ca. zwei Minuten, zu lange für Katjas Kondition, denn sie kam schwer atmend zu mir an den Weidezaun. „Wie lange soll ich das jetzt noch machen?", fragte sie sichtlich genervt. „So lange bis Du ihn überzeugt hast, dass es gut ist, bei Dir zu sein", war meine Antwort. Katja überlegte einen Moment. „Das heißt, ich renne so lange hinter ihm her, bis er endlich mal stehen bleibt, oder wie?" „Genau, Du hältst ihn in Bewegung. Denn Bewegung verbraucht Energie. Du sagst ihm also definitiv, dass er Energie verschwendet, wenn er nicht zu Dir kommt. Entscheidet er sich, langsamer zu werden, wirst Du auch langsamer. Bleibt er stehen, bleibst Du auch stehen und nimmst alle Energie raus. Atme dazu aus und entspanne Dich. Wenn er dann stehen bleibt, nähere Dich mit einem Seitwärtsschritt in seine Richtung und bleibe erneut stehen. Dein Blick ist dabei ca. einen Meter vor Dein Pferd gerichtet. Bleibt Manfred weiter stehen, belohne ihn wieder damit, dass Du einige Sekunden auf deiner Position bleibst. So näherst Du Dich Schritt für Schritt. Sollte Manfred sich wieder von Dir weg bewegen, bewegst Du Dich energischer auf ihn zu und schickst ihn vorwärts. Diesen Wechsel von Druck und Belohnung machst Du so lange, bis er stehen bleibt und sich von Dir streicheln lässt. Das Halfter behältst Du in der Hand. Hast Du diesen Teil geschafft, bleib einen Moment bei ihm stehen, streichle ihn und lobe ihn für sein Stehen bleiben. Schicke ihn dann wieder einige Schritte von Dir weg und komme anschließend zu mir an den Weidezaun zurück."

Katja atmete entschlossen und tief ein und machte sich mit festen Schritten auf den Weg. Sie erfüllte ihre Aufgabe sehr gut. Wann immer sich ihr Wallach von ihr weg bewegte, wurde sie schneller und bewegte sich direkter auf ihn zu. Sie merkte schnell, dass das Treiben vor dem Weidezaun ihre Aufgabe erleichterte. So konnte sie ihn nicht nur zum Laufen antreiben, sondern ihn durch Abschneiden des Weges dazu bringen, enge, Energie raubende Wendungen vor dem Zaun zu drehen. Es dauerte nicht lange und der Wallach blieb ca. zehn Meter vor Katja stehen und schaute zu ihr herüber. Auch Katja behielt ihre jetzige Position bei, stand mit entspannter, ruhiger Körperhaltung und richtete ihren Blick ca. einem Meter vor ihr Pferd. Dann folgten abwechselnd Seitwärtsschritte zur Annäherung und Pausen zur Belohnung, bis sie sich auf ungefähr zwei Meter angenähert hatte. Katja musste die Taktik noch zweimal wiederholen, bis Manfred gelernt hatte, dass Stehenbleiben weit weniger Energie kostete als Weglaufen. Katja blieb einige Atemzüge bei ihrem Pferd stehen, streichelte ihn und schickte ihn dann wieder von sich weg.

Mit klopfendem Herz kehrte Katja zum Weidezaun zurück: „Das war jetzt ganz schön anstrengend, puh." Lobend holte ich Katja ab: „Du hast es super gemacht, Katja. Manfred hat jetzt verstanden, dass es für ihn wesentlich energiesparender ist, bei Dir zu bleiben." In Katjas Gesicht formulierte sich eine Frage: „Alles klar soweit, ich habe das gut gemacht. Nur habe ich nicht verstanden, warum ich ihn am Ende wieder von mir wegschicken musste?" „Ganz einfach: Du hast ihm damit noch einmal mehr gezeigt, dass Du ihn bewegen kannst. Wärst Du einfach so von ihm weggegangen, hätte er gedacht. dass er Dich bewegt. Und die Frage zur Klärung der Führung ist bei allen Pferden: Wer bewegt wen? Wer es schafft, den anderen zu bewegen, der führt. Ein ganz wesentlicher Grundsatz in der Pferdeherde."

Katja wiederholte das Annähern noch zweimal. Beim ersten Mal brauchte sie nicht mehr ganz so weit laufen, bis ihr Wallach bei ihr blieb. Beim zweiten Mal klappte es bereits nach einem kurzen Anlauf. Sie näherte sich Manfred mit Seitwärtsschritten an. Er blieb entspannt stehen und ließ sich streicheln. Katja spürte ihren ersten Erfolg. Der Wallach hatte verstanden, dass es eine reine Energieverschwendung war, sich von Katja wegzubewegen. Diese Frau ließ nicht locker. Er konnte nur jede Menge Energie sparen, wenn er bei Katja stehen blieb. Für ein Beutetier, das stets Energie zum Flüchten bereithalten muss, ist das eine wichtige Überlebensstrategie.

**Aufhalftern und Führen**

Wir ließen dem Wallach eine kleine Pause, bis wir zum nächsten Trainingsschritt kamen. Katja bekam nun die Aufgabe, Manfred aufzuhalftern. Anschließend sollte sie ihn von der Wiese in die Stallgasse bringen, damit sie ihn putzen konnte.

Das Aufhalftern gelang gleich beim ersten Mal. Katja übernahm das Gelernte. Sie streichelte ihren Wallach und lobte ihn ausgiebig mit einer Pause. Sie hatte den Führstrick am Ende gefasst und machte anschließend die ersten Schritte in Richtung Weidetor. Allerdings ohne ihr Pferd, denn das blieb stehen und sah keine Notwendigkeit, sich zu bewegen. Katja brachte Zug auf den Strick und warf all ihr Gewicht nach vorne. Doch das knapp 600 kg schwere Pferd stand wie angewurzelt da. Katja drehte sich zu Manfred um, stellte sich auf Höhe seiner Schulter neben ihn und versuchte ihn mit Zug am Halfter und gleichzeitigem Klatschen des Strickendes auf die Schenkellage des Pferdes zu bewegen. Es half nichts, auch diese vermehrte Aktion zeigte keinen Erfolg. Wiederholungen würden jetzt das Pferd nur in seinem Verhalten bestärken. So änderte Katja den Plan, wechselte die Pferdeseite und probierte es erneut mit der Zug-Klatsch-Taktik. Leider ohne den gewünschten Erfolg. Fragend schaute sie mich an: „Was soll ich jetzt machen? Der will nicht mitkommen. Ich kann machen was ich will."

Bevor ich Katja zur Seite nahm, bat ich sie, den Strick vom Halfter zu nehmen, den Wallach einen Schritt von ihr wegzubewegen und zu mir zu kommen. Als der Strick vom Halfter getrennt war, schob Katja ihr Pferd durch Druck am muskulären Bereich des Ellenbogengelenkes von sich weg. Manfred musste einen Seitwärtsschritt machen, um die Balance zu halten. Katja hatte es also doch geschafft, ihn zu bewegen ohne ihre eigene Position zu verlassen. Was hat Katja jetzt nach meiner Bitte anderes gemacht?

Katja und ich stellten uns Seite an Seite mit dem Blick zu Manfred: „Als ich Dich mit deinem Pferd beobachtet habe, bist Du vor ihm hin und her gelaufen, um ihn in Bewegung zu bringen. Aus Pferdesicht hat er es geschafft, Dich zu bewegen, ohne seinen eigenen Standpunkt zu verlassen. Er hat also geführt. Wenn er es schafft, Dich zu bewegen, er also die Führung inne hat und hier friedlich stehen kann, warum sollte er dann auch nur einen Schritt vorwärts gehen? Würden wir Deinem Pferd die Fähigkeit der Reflexion zuerkennen, hätte es wahrscheinlich gedacht: Die da vorne hat keinen Plan. Die ist Energieverschwenderin. Der brauche ich mich nicht anschließen. Da geht viel Energie verloren, die ich zum Flüchten brauchen könnte."

Katja lächelte mich an. „Ja, stimmt. Jetzt im Nachhinein fällt mir auf, dass ich immer so viel Auftrieb gemacht habe, ohne mir darüber Gedanken zu machen. Ich habe so lange gezerrt und gedrückt, bis er irgendwann mitgekommen ist. Da bin ich so einige Male ins Schwitzen gekommen. 600 kg sind nicht leicht zu verschieben." Sie schaute lächelnd zu ihrem Pferd hinüber, das friedlich ungefähr fünf Meter von uns entfernt graste. Katja überlegte weiter: „Wenn ich über Deine Worte nachdenke, bedeutet das ja jetzt für mich, dass ich einen festen

Standpunkt am Pferd brauche, von dem aus ich Manfred veranlassen kann, sich zu bewegen. Denn mit dem festen Stand zeige ich ihm, dass ich die Fähigkeit besitze, ihn zu bewegen. Und wenn ich ihn aus meinem festen Stand verschiebe, bin ich seine Führung." Ich nickte und Katja ging entschlossen seitwärts ausgerichtet auf ihr Pferd zu. Und Manfred wich genauso entschlossen zur Seite aus und hielt die Entfernung zu Katja konstant. Die Führungsfrage war für ihn noch offen. Sie musste ihn erneut durch energisches Schicken daran erinnern, dass es energiesparender für ihn war, bei ihr zu bleiben.

Beim zweiten Annäherungsversuch konnte sie den Strick am Halfter ihres stehenden Pferdes befestigen. Katja blieb auf Höhe der Pferdeschulter stehen und versuchte nun, ohne ihren Platz zu verlassen, ihren Wallach durch Zug am Strick in Richtung Gatter zu bewegen. Der

Wallach lehnte sich wie in Zeitlupe langsam in ihre Richtung. Da Katja mit leicht gekreuzten Beinen stand, verlor sie ihre Balance und fing sich mit einem Schritt zur Seite ab. Man-fred stand und Katja bewegte sich – sie strauchelte sogar. Wenn Pferde lachen könnten, hätten wir Manfred von Herzen wiehern sehen können.

Katja brauchte einen festen Stand. Ich gab ihr den Tipp, ihre Füße schulterbreit auseinander zu stellen und sich vorzustellen, sie wäre ein Baum, dessen viele Wurzeln bis tief in die Erde reichten. Ihre Fußsohlen bekamen so vollen Bodenkontakt und ihr Stand war wesentlich sicherer und stabiler. Mit diesem Bild des tief verwurzelten Baums versuchte sie erneut, Manfred mit einem Zug am Strick in Richtung Gatter zu bewegen. Seinen zweiten Versuch, Katja mit einer kleinen Gewichtsverlagerung ins strauchen zu bringen, konterte

Katja mit einem leicht schwankenden Stand, der von ihren im Boden verwurzelten Füßen stabilisiert wurde. Nach dem dritten Versuch kam der Erfolg. Manfreds Körperverlagerung lief in Leere, Katja stand fest neben ihm und knuffte mit ihrem Ellenbogen gegen seine Schulter. So viel Standfestigkeit und Entschlossenheit musste Manfred weichen. Er machte einen Schritt nach vorne. Katja zog nach und so gingen beide in Richtung des geschlossenen Gatters.

Bevor Katja das Gatter öffnen konnte, nahm ich sie zur Seite: „Schau einmal den Weg zurück, den Du Manfred geführt hast. Du darfst Dich jetzt freuen. Ab jetzt macht Dein Pferd immer den ersten Schritt, wann immer Ihr Euch in eine Richtung bewegt. Auf diese Weise signalisierst Du ihm ganz klar, dass Du die Führung hast." „Puh, alles klar. Da muss ich mich ja ganz schön konzentrieren." „Du verlangst ja auch Konzentration von ihm, oder?" Katja ließ ihren Wallach zustimmend neben sich stehen und öffnete mit einer Hand das Schloss des Gatters. Da das Tor nach innen in ihre Richtung aufging, mussten beide einige Schritte zurückgehen. Katja positionierte sich sicher neben ihrem Wallach und ließ ihn den ersten Schritt zurücktreten, erst dann folgte sie. So gingen sie beide Schritt für Schritt rückwärts. Katja hielt das Tor dabei mit einer Hand fest und öffnete es so weit bis sie hindurchgehen konnten. Auch hier schickte sie ihren Wallach zuerst den ersten Schritt vor und ging anschließend selbst vorwärts. Beide gingen durch das Tor hindurch und ich schloss es hinter ihnen. Ich rief Katja hinterher: „Super gemacht. Du hast eine ruhige und bedachte Führung gezeigt."

Auf dem Weg in Richtung Stall ließ sie Manfred noch einige Male stoppen und wieder antreten. Es klappte hervorragend. Vor jedem Stehenbleiben entschied sich Katja, ihren Wallach mit dem Wort „Aufpassen" darauf vorzubereiten, dass das Stoppsignal folgen würde. Das Pferd ließ sich gelassen und jederzeit aufmerksam von Katja führen.

**Stehen am Putzplatz**

Am Stall angekommen, hielten Katja und Manfred vor dem großen grünen Torbogen an, der die Stallgasse vom Reithofbereich trennte. „Und was machen wir jetzt?", fragte Katja mit hochgezogenen Augenbrauen und leicht zittriger Stimme – ihr Kopfkino kreiste um Manfreds gefährliche Panikausbrüche in der Stallgasse: „Kann ich es wagen, ihn gleich am Anbindehaken in der Stallgasse festzumachen oder sollen wir lieber auf dem Hof bleiben?"

Ihr war die Angst vor dem Anbinden von Manfred ins Gesicht geschrieben. Der nächste Schritt für Katja war nun, sich ihrer Gefühle bewusst zu werden. „Was hast Du für ein Gefühl bei dem Gedanken, ihn anzubinden?", fragte ich. „Kein Gutes. Mir wird schon ganz mulmig im Bauch, wenn ich an seinen letzten Panikausbruch denke. Dabei hat er mir ganz schön wehgetan. Ich fühle mich sehr unsicher." Sie hielt sich die rechte Schulter, die ihr Pferd beim letzten Anbindeversuch beim Steigen mit seinem Vorderhuf getroffen hatte. „O.k. Wenn Dein Bauch sich mulmig und Du Dich unsicher fühlst, wird Dein Pferd es merken. Es erkennt instinktiv Deine Unsicherheit an deiner Muskelspannung und deutet die Anspannung als Gefahrensignal. Du kannst von deinem Pferd als Beutetier nicht erwarten, dass es sich entspannt und freiwillig anbinden lässt, wenn die Führungsperson sich unsicher fühlt.

Fällt Dir eine andere Möglichkeit ein, Dein Pferd zu putzen? Du kannst mich gerne als helfende Hand in Deine Ideen mit einbeziehen. Dazu bin ich hier." Katja atmete durch und überlegte einen Moment. Dabei schaute sie hinter sich auf den freien Reithof: „Ich habe Manfred bisher immer in der Stallgasse anbinden wollen. Vielleicht versuchen wir es einmal woanders, vielleicht hier auf dem Hof. Neuer Ort, neues Glück!" „Ja, eine gute Idee", strahlte ich zurück. „Darf ich noch eine Idee ergänzen?" „Ja, gerne", grinste Katja. „Ich halte ihn am durchhängenden Strick. So hat er die Möglichkeit, sich erst einmal ein paar Schritte frei zu bewegen, falls er möchte, ohne an eine feste Grenze zu kommen." Katja gab mir das Pferd und ich führte ihn am durchhängenden Strick auf den Hof. Ich stellte ihn so hin, dass er zu allen Seiten ausreichend Platz fand. „Es ist für die Pferde unheimlich wichtig, dass sie beim Lernen Bewegungsfreiheit haben. Wenn sie als Beutetier keine Möglichkeit haben, vor einer Gefahr zu fliehen, geraten sie in Panik.

Und Manfred hat jetzt schon einige Male erlebt, dass der Anbindehaken ihm diese Bewegungsfreiheit nahm. Dein Pferd hat sich mit all seiner Kraft Bewegungsfreiheit verschafft, in dem es sich völlig verängstigt vom Haken los gerissen hat. Jetzt bekommt Manfred die Möglichkeit, neue Erfahrungen, ein neues Verhaltensmuster zu lernen. Ziel ist nach wie vor der Anbindehaken in der Stallgasse, aber wir machen einen kleinen Zwischenschritt. Ich bin jetzt der Anbindehaken, der hier auf dem lichten Hof steht und die angstbesetzte Energie von Manfred aufnehmen und dosiert in Bewegung und Gelassenheit freigeben kann. Wir bieten ihm das jetzt als was anderes an."

Ich stand mit dem Boden verwurzelt neben Manfred mitten auf dem Hof. Manfred bemerkte, dass etwas anders war. Er konnte zwar nicht weg, doch war der Anbindehaken elastisch genug, dass er seine aufkeimende Panik durch Bewegung abbauen konnte. Nach ein paar aufgeregten Runden um mich herum, blieb Manfred stehen und schaute sich friedlich um. Katja schaltete sofort: „Alles klar, dann hole ich jetzt das Putzzeug." Katja ging in die Stallgasse und kam nach wenigen Augenblicken mit dem Putzkasten zurück auf den Reithof. „Ja, hier fühle ich mich auch viel sicherer. In der Stallgasse war es ganz schön eng. Hier haben wir mehr Platz und Licht", bemerkte sie erleichtert.

Ich nahm Katja wieder zur Seite und erklärte ihr jetzt den Plan, wie Manfred jetzt durch neue angenehme Erfahrungen schrittweise umprogrammiert werden kann: „Wir zeigen Manfred, wie entspannt und schön es sein kann, ruhig zu stehen und dabei geputzt zu werden. Er darf chillen, also Energie sparen, wenn er stehen bleibt - also das macht, was wir von ihm wollen. Trifft er eigene Entscheidungen und glaubt, sich bewegen zu müssen, darf es dies gerne tun – allerdings nach unseren Regeln. Nämlich äußerst unbequem und energieraubend. Wir bleiben dabei energiesparend und bequem auf unserer Stelle in der Mitte stehen. Denn, wer den anderen bewegt, führt ja bekanntlich." Katja und ich lachten. „Dein Auftrag ist jetzt, Dein Pferd ganz entspannt zu putzen. Achte dabei auf Deine Atmung. Atme tief durch die Nase ein und durch den Mund langsam wieder aus. Meine Aufgabe ist es, Manfred mit einem weiten, weichen Blick mit durchhängendem Strick zu beobachten. Wenn er glaubt, sich angebunden zu fühlen, seine aufkeimende Panik in Bewegung umsetzen und damit die Führung übernehmen möchte, zeige ich ihm, über meine erhöhte Körperspannung und engen unbequemen Wendungen um mich herum, wer führen darf. Ich bleibe dabei fest auf meiner Position stehen. Die Füße schulterbreit im Boden verankert. Diese engen Wendungen sind für ihn sehr anstrengend. Und als energiesparendes Fluchttier wird es sie vermeiden wollen. Bleibt Manfred auf seinem Platz stehen, wird er natürlich mit Streicheleinheiten gelobt."

Katja nickte zustimmend und begann die Hufe auszukratzen. Der lebende Anbindehaken war jetzt ich. Ich hatte den Strick durchhängend in der Hand und schaute mit weichem Blick am Körper des Pferdes vorbei. Der Wallach stand entspannt da und ließ sich von Katja seine Hufe säubern. Ich lobte ihn zwischendurch immer wieder mit Streicheln. Meine Hand führte ich dabei mit flächigem Druck so über seinen Hals, dass er sich entspannte. Es war alles ruhig und kontrolliert.

In dem Moment, in dem Katja den Hufkratzer zurück in den Putzkasten legte, den Striegel in die Hand nahm und sich zu ihrem Pferd umdrehte, riss dieser den Kopf hoch und sprang mit einem Satz nach hinten. Ich gab den Strick so weit frei, dass er diesen Sprung nach hinten machen konnte. Erstaunt stand Manfred vor uns. Mit erhöhter Körperspannung und unter Beibehaltung meiner Position vor dem Pferd wies ich ihm mit meiner Hand am Strick und meinem Blick den Weg um mich herum. Meine freie Hand hielt ich ausgestreckt und zeigte mit meinen Fingerspitzen in Richtung Kruppe, um die Hinterhand zu bewegen. Mit eiligen kurzen Schritten tänzelte das Pferd in einer engen Wendung um mich herum. Als es wieder an seinem Platz stand, entspannte ich mich, atmete aus und ließ meine Schultern mit der Ausatmung locker fallen. Der Wallach wollte noch nicht stehen bleiben. Also erhöhte ich meine Körperspannung erneut und ließ ihn, geführt von meiner freien Hand und meinem Blick, eine weitere enge Wendung um mich herum gehen. Ich behielt dabei meine Position. Nach einer kompletten Umrundung entspannte ich mich wieder. Der Wallach machte noch einen Schritt und blieb stehen. Umgehend erhielt er ein dickes Lob in Form von entspannten, langgezogenen Streicheleinheiten am Hals.

Katja war bei dieser Aktion erschrocken zur Seite gesprungen und stand in sicherem Abstand zu uns. „Mann, ist mir der Schrecken in die Beine gefahren. Genau so war es die letzten Male, wo er sich losgerissen hat. Nur dass er immer panischer wurde, weil der Haken ihn festhielt. Jetzt weiß ich, warum er dann so viel Kraft entwickelt hat und sich losriss." „Ja, ich vergleiche das Gefühl bei den Pferden in dieser Situation gerne so: Stell Dir vor, Du steckst in einem Fahrstuhl und in der Kabine fängt es an zu brennen. Eine lebensgefährliche Situation. Auch Du würdest alle Kräfte mobilisieren, um irgendwie da heraus zu kommen. Du könntest aufgrund des Adrenalinstoßes plötzlich wahnsinnig hoch springen, um die Luke an der Decke zu erreichen. Und genau dieses Gefühl hat auch ein Pferd, wenn es sich nicht bewegen kann. Es setzt seine ganze Energie ein, um sich zu befreien und somit die Flucht antreten zu können. Und dabei achtet es nicht auf eigene Verletzungen oder Verletzungen anderer. Manfred hat jetzt gemerkt, dass er diesen rettenden Hüpfer ohne Widerstand nach hinten machen konnte. Er musste danach zwar noch mehr Energie verwenden, weil er meine Führung in Frage gestellt hat, aber nach der Klärung war alles wieder entspannt. Mal schauen, ob er schon etwas gelernt hat."

Ich bat Katja, den Striegel erneut aus dem Putzkoffer zu nehmen und damit entspannt auf ihr Pferd zu zu gehen. Ihr Wallach machte jetzt keinen Satz mehr nach hinten, wich dafür jedoch einige Schritte zur Seite. Diesmal schickte ich ihn in eine erneute 360° Drehung von Katja weg. Als der Wallach wieder auf seinem Platz stand, atmeten Katja und ich hörbar aus und ließen unsere Schultern entspannt sinken. Manfred stand ebenfalls und senkte seinen Kopf. Ein sofortiges Lob in Form von tiefer Stimme und Streicheln zeigte ihm, dass alles in Ordnung war. Er hatte alles richtig gemacht. Wir wiederholten diese Situation noch fünfmal. Bei jeder Wiederholung fiel die Reaktion des Wallachs sparsamer aus. In dem Moment, in dem er stehen blieb, als Katja zum Striegel griff, legte sie diesen sofort wieder aus der Hand und streichelte ihr Pferd mit entspannter Hand. Der Wallach atmete befreit aus und ließ seinen Kopf wieder fallen.

Für diesen Tag schlossen wir die Trainingseinheit ab. Katja brachte ihr Pferd unter Berücksichtigung von „Wer bewegt wen?" vorbildlich zurück auf die Weide. Sie nahm ihm sein Halfter ab, streichelte ihn noch belohnend und ließ ihn dann zwei Schritte von sich wegtreten, bevor sie sich selbst wieder zurück zum Gatter begab.

Mit Tränen in den Augen strahlte mich Katja an: „Ich bin wirklich sehr glücklich, dass wir heute so viel erreicht haben. Es war besonders schön, ihn so entspannt wieder auf die Weide zurückzuführen. Das konnte ich schon lange nicht mehr machen. Die Entscheidung hat er mir ja immer abgenommen. Jetzt weiß ich, wer geführt hat." Erleichtert ging Katja mit mir den Weg zum Stall zurück. Wir gingen noch einmal durch, was Katja und ihr Wallach aus der Trainingseinheit mitgenommen hatten.

Der Grundstein für das neue Miteinander von Manfred und Katja war gelegt. Katja bekam nun die Aufgabe, das Gelernte aus der ersten Trainingseinheit so in den täglichen Umgang mit Manfred zu integrieren, dass sie jederzeit die Entscheidung traf, was gemacht, wie es gemacht und wann es gemacht wird. Zur Vorbereitung ging sie vor jeder Trainingseinheit die Struktur des Trainings durch. Sie entschied, welches Equipment sie benötigte, und stellte es dort bereit, wo sie es brauchte. Sie nahm sich ihre beste Freundin Marie zur Hilfe, die ebenfalls mit ihrem Pferd am Stall stand und für die nächste Zeit den lebenden Anbindehaken spielte. So konnte Katja sich voll auf Manfred konzentrieren. Wir vereinbarten, dass Katja sich dann bei mir für eine weitere Trainingseinheit melden würde, wenn Manfred entspannt und gelassen während des Putzens an seinem Platz stehen würde.

Als eine Woche später mein Telefon klingelte, war ich sehr erfreut, Katjas fröhliche und mit Stolz erfüllte Stimme zu hören. „Hallo Rike, ich bin´s Katja. Du musst unbedingt wieder kommen. Wir haben es geschafft. Manfred lässt sich total entspannt von der Koppel holen und steht beim Putzen auf seinem Platz. Und weißt Du was? Er steht ohne menschlichen Anbindehaken da. Ich bin so happy, dass glaubst Du gar nicht."

Als ich zwei Tage später bei Katja und Manfred auf den Reithof fuhr, standen die beiden bereits auf dem Vorplatz des Reitstalls. Manfred hatte den Kopf gesenkt und Katja war so ins Putzen vertieft, dass sie mich nicht bemerkte. Ich nutzte diese Situation und beobachtete das Geschehen. Mir fiel der blaue Kreidekreis auf, in dem Manfred mittendrin stand, an jeder Seite mit ungefähr einem halben Meter Abstand zu seinen Hufen. Ich schmunzelte und freute mich schon auf Katjas Geschichte dazu. Wenige Augenblicke später war Katja mit dem Putzen fertig. Sie räumte alles in den Putzkasten und lobte Manfred abschließend mit langgezogenen Streichlern über seinen Hals.

Erst jetzt machte ich mich bemerkbar und begrüßte die beiden. „Oh, toll! Hallo Rike! Einen Moment bitte, ich bringe Manfred in seine Box. Dann können wir uns in Ruhe unterhalten." Katja nahm den Strick, der über Manfreds Hals hing in die Hand und gab einen kurzen Impuls nach vorne. Manfred machte den ersten Schritt und folgte ihr in seine Box. Nachdem sie die Boxentür geschlossen und das Halfter davor an einen Haken gehängt hatte, kam sie freudestrahlend auf mich zu. „Was sagst Du, Rike? Ist das nicht der Hammer? Hättest Du mir vor einigen Wochen gesagt, dass mein Pferd beim Putzen seelenruhig alleine steht, ich hätte es Dir nicht geglaubt." Ich freute mich sehr über Katjas Erfolg: „Jetzt erzähl mal, wie Du das in so kurzer Zeit hinbekommen hast."

Katja sprudelte los: „Als erstes habe ich nach unserem ersten Training zuhause einen Plan gemacht, damit ich auch ja nichts vergesse. Dazu habe ich mir aufgeschrieben, was ich alles brauche, um Manfred von der Koppel zu holen und ihn zu putzen und vor allem, wo ich es brauche. Dann habe ich mich jeden Tag mit Marie verabredet, damit sie mir helfen kann. Das andere Training habe ich erst einmal ausgesetzt, denn ich wollte mich nur auf das Holen und Putzen konzentrieren. Ja und dann haben meine Freundin und ich die ersten drei Tage nach unserem ersten Training mit ihm nichts anderes gemacht, als das, was Du mir gesagt hast. Es hat super geklappt. Am vierten Tag musste Marie leider kurzfristig absagen. Zu meinem Glück, denn ich musste jetzt erfinderisch sein. Wie konnte ich Marie ersetzen? Und da ist mir das mit dem Kreidekreis eingefallen.

So wusste ich genau, wo der Platz von Manfred war, und ich konnte ihn dorthin zurückschicken. Und das erstaunliche war, dass er von diesem Tag an tatsächlich ruhig stehen blieb. Natürlich hat er mal sein Gewicht verlagert, aber das ist ja erlaubt. Außerdem habe ich das Kommando „Halt" eingeführt. Immer wenn er steht, sage ich in unterschiedlichen Abständen „Halt" und lobe ihn dann dafür mit Streicheleinheiten. Anfänglich fühlte ich mich noch sicherer mit dem Strick in der Hand. Deshalb habe ich ihn nur da geputzt, wo ich mit Strick noch hinkam. Also so bis zu seiner Körpermitte. Als ich merkte, dass er entspannt war und auf „Halt" sicher reagierte, habe ich den Strick über seinen Hals gelegt und auch weiter hinten geputzt. Er hat zweimal den Ansatz gemacht, einen Schritt vorzugehen, als ich am Hinterteil war. Da ich mich auf ihn konzentrierte, konnte ich seine Absicht schnell erkennen und ihn mit einem entschlossenen „Halt" bremsen." Katja machte eine kurze Pause und lächelte mich an. „Und nun fehlt noch der letzte Schritt für mich, den ich so gerne mit Dir zusammen gehen möchte: Putzen in der Stallgasse - damit wir auch bei Regen trocken bleiben." „Ja, ich bin erst einmal ganz begeistert von deinem Trainingserfolg, Katja. Das mit dem Kreidekreis gefällt mir richtig gut. Und Manfred findet diese Idee scheinbar auch sehr gut, denn er steht seit dem still. Und weißt Du auch warum? Weil Du mit diesem Markieren seines Raumes Deinen eigenen sehr viel deutlicher wahrgenommen und behauptet hast. Das hat er an deiner Körpersprache gespürt. Toll."

Katja schaute mich lächelnd an: „Für das Training heute habe ich mir überlegt, als nächsten kleinen Trainingsschritt diesen Kreidekreis vor seiner Box aufzumalen und ihn nur darin stehen zu lassen. Was hältst Du davon, Rike? „Eine sehr gute Idee." Um sicher zu gehen, dass Katja sich wohl fühlte, stellte ich ihr noch eine Frage: „Wie fühlst Du Dich jetzt, wenn Du Dir vorstellst, dass Manfred gleich ganz entspannt vor seiner Box steht?" Katja wandte sich zu Manfred, der dösend in seiner Box stand, und sagte mit einem glücklichen Lächeln: „Ich freue mich wie eine Schneekönigin und bin stolz darauf, dass er entspannt neben mir steht und ich ihn lobe." „Na, dann los." Katja nahm sich die gelbe Kreide und zeichnete ein Oval vor der Box auf den Boden der Stallgasse. Anschließend ging sie mit dem Halfter in der Hand zu Manfred. Er drehte sich interessiert zu ihr um und ließ sich mit gesenktem Kopf aufhalftern. Dem Impuls von Katjas Hand in Richtung vorne folgend, machte er den ersten Schritt und kam neben Katja aus der Box. Katja dirigierte Manfred bei durchhängendem Strick so mit ihrer Körpersprache in das Oval, dass sein Kopf in Richtung Box zeigte. Katja wartete ab, bis Manfred ruhig auf seinem markierten Platz stand, atmete dann entspannt aus, ließ ihre Schultern sinken und gab dann das Stimmsignal „Halt". Sie wartete einen weiteren Augenblick und lobte Manfred, der immer noch auf dem gleichen Fleck stand. Den Strick legte sie ihm über den Hals. Konzentriert auf Manfred und seine Reaktion ging Katja einen Schritt vorwärts seitlich an Manfreds Schulter. Ein erneutes „Halt" gab ihm die Information, weiterhin stehen zu bleiben. Er tat es und bekam ein dickes Lob von Katja. Langsam bewegte Katja sich mit gleicher Systematik weiter in Richtung Kruppe vor. Manfred stand. Katja grinste über das ganze Gesicht und ging nun um Manfred herum, bis sie wieder am Kopf angelangt war: „Du bist der Beste, Manni." Mit der Handfläche strich sie ihm langsam über seinen Hals und gab ihm damit das Signal: Du hast alles richtig gemacht.

Katja nahm wie selbstverständlich den Strick wieder in die Hand und führte ihn durch den Anbindehaken an der Box. Manfred nahm seinen Kopf ein wenig höher und der Strick rutschte dem leichten Zug folgend etwas weiter aus dem Haken heraus. Sonst änderte sich nichts. Manfreds Gemütslage blieb gelassen und alle Hufe ruhten noch immer an der gleichen Stelle wie vorher. Katja brachte den Strick nun auf eine dezente Spannung, die Manfred mit einem impulsartigen Kopfnicken beantwortete. Sie hielt die Spannung so lange an, bis das Kopfnicken aufhörte, und lobte Manfred mit dem Nachlassen der Spannung, mit einem Stimmlob und natürlich einer Streicheleinheit am Hals. Ich konnte deutlich merken, dass Katja aufmerksam auf die Reaktionen von Manfred achtete und gleichzeitig einen entspannten Blick hatte. Sie wiederholte den Spannungsaufbau noch sechs Mal, bis Manfred keine nennenswerte Reaktion mehr zeigte und sie ihn sofort loben konnte. „Katja, ich sehe dass Du wirklich verstanden hast, wie Lernen für Pferde funktioniert. Deine Lösungsstruktur für Manfreds Anbindepanik ist richtig gut. Und das, was Du jetzt ohne meine Hilfe erreicht hast, zeigt mir, dass Du alles, was Du noch im Umgang mit Manfred verändern willst, ganz alleine schaffst. Hut ab. Ich freue mich wahnsinnig für Euch." Manfred bekam ein Riesenlob von uns beiden und durfte zur Belohnung auf die Weide zurück. Katja konnte ich mit ruhigem Gewissen alleine weiter trainieren lassen. Sie hatte verstanden, dass kleine logische Schritte im Training und eine entspannte Lernatmosphäre nachhaltigen Erfolg bringen.

> ZUM WEITERDENKEN
> Was hat sich bei Katja verändert? Bei Katja kam die Einsicht, dass es an ihrem Verhalten lag, dass Manfred panisch auf das Anbinden reagierte. Das eigene Verhalten können wir Menschen ändern, dass der anderen nicht.
> Die Einsicht war bei ihr erst möglich, als das Problem gelöst und das Ziel erreicht war, also die Harmonie in ihrem Kopf wieder hergestellt war. Ein anderer Weg wäre die Zielvision, wie ich sie in vorherigen Kapiteln beschrieben habe. Die bedarf aber der Einsicht bei Katja, dass sie Schuld am Manfreds Verhalten wäre. Diese Einsicht fällt vielen Menschen sehr schwer, deshalb ist es manchmal günstiger, einfach mit einem Trainer in einem geschützten Raum zu machen. Wenn dann das Ziel erreicht ist, ist die anschließende Reflektion eine reine Freude und ermöglicht tiefere Einsichten.
> Falls Sie ein ähnliches Problem haben, haben Sie nun die Wahl: Sie können andere um Rat fragen, wie das Pferd verändert werden kann oder mit der Veränderung bei sich selber anfangen. Ich helfe Ihnen bei Ihrer Selbsthilfe gerne. Denn ich habe auch diese Erfahrungen gemacht. Wie - lesen Sie im nächsten Kapitel zum Thema Clickern.

Auf dem Weg von der Weide zum Stall erzählte sie mir noch eine Geschichte, die mich sehr freute. Der ältere Herr, von dem sie Manfred gekauft hatte, war einen Tag zuvor bei ihr am Stall gewesen und hatte Katja und ihr Pferd besucht. Sie hatte ihm von ihren Problemen mit Manni erzählt. Er war natürlich verwundert, denn er hatte zu seiner Zeit keinerlei Probleme mit Manfred gehabt. Da Katja vermutete, dass sein Umgang mit Manfred ein anderer gewesen war, als ihrer vor dem Training, hatte sie den älteren Herren gebeten, sein Pferd doch einmal von der Weide zu holen und ihn zum Reithof zu führen. „Und Du wirst es nicht glauben, er hat Manni genauso von der Koppel geholt, wie wir es trainiert haben. Er hat sich ihm seitwärts genähert, ihn zuerst beim Führen antreten lassen und ihn immer wieder gelobt. Ich war erstaunt, dass es wirklich an meinem Umgang mit Manfred lag, dass sich das Anbindeproblem entwickelt hat."

## Zusammenfassung Annäherung, Führen, Stehen am Putzplatz

### Die Annäherung

- Annäherung findet in einer entspannten Seitwärtsausrichtung zum Pferd statt.
- Bei der Annäherung ist der Blick weich ungefähr einen Meter vor das Pferd gerichtet, denn nur Tiere, die Beute schlagen wollen, schauen ihrer Beute in die Augen.
- Bleibt Ihr Pferd bei Annäherung stehen, loben Sie es immer wieder, indem Sie selbst auf dem Weg zu ihm stehen bleiben und sich entspannen.
- Entscheidet sich Ihr Pferd bei Ihrer Annäherung dazu, sich von Ihnen weg zu bewegen, kann es dies gerne tun. Allerdings so, wie Sie es möchten. Halten Sie es in Bewegung. Entscheidet es sich dafür, stehen zu bleiben, loben Sie es mit Ihrem eigenen Stehenbleiben und Entspannen. Diese Taktik wenden Sie so lange an, bis Ihr Pferd sich dazu entscheidet, neben Ihnen stehen zu bleiben und sich streicheln zu lassen.

**Führen**
- Führen Sie Ihr Pferd von einem Punkt zum anderen, geht immer das Pferd den ersten Schritt. Nach der Regel: „Wer bewegt wen?" oder „Wer bewegt, der führt!"

**Stehen am Putzplatz**
- Pferde sind Fluchttiere. Wird ihnen durch Enge die Fähigkeit genommen, fliehen zu können, geraten sie schnell in Panik. Geben Sie Ihrem Pferd daher anfänglich die Möglichkeit, sich beim Stillstehen am Putzplatz bewegen zu können, wenn Sie es daran gewöhnen, angebunden zu stehen. Lassen Sie sich dabei idealerweise von einer weiteren Person helfen.
- Stehenbleiben wird mit Lob belohnt.
- Entscheidet sich Ihr Pferd dazu, sich zu bewegen, kann es dies tun. Jedoch so, wie Sie es wollen. Bleiben Sie auf Ihrer Position und lassen sie es eine enge Wendung um Sie laufen, bis es wieder an seinem ursprünglichen Platz steht. Auch hier gilt: Wer bewegt wen? Wer bewegt, führt! Bleibt es stehen, loben Sie es erneut.
- Ihr Pferd wird schnell verstehen, dass es viel energiesparender ist, beim Putzen stehen zu bleiben. So erziehen Sie es dazu, frei stehen zu bleiben und auf Sie zu achten.

Pferde brauchen die Struktur, die Sie ihnen mit Ihrem zuverlässigen und konsequenten Verhalten geben. Sie werden damit in Ihren Reaktionen berechenbar für die Pferde. Dies gibt ihnen Sicherheit und sie vertrauen Ihnen.

# Clickern – Die Motivationsstrategie vorausschauend eingesetzt

Dieses Kapitel widme ich meiner kleinen Mixstute Stella, die mir bisher die wohl größten Aha-Erlebnisse mit Pferden bereitet hat. Sie ist in sich so gegensätzlich und doch so geradeheraus, wie man es sich nur wünschen kann. Wir haben lange Zeit gebraucht - nein, ich muss mich korrigieren, ich habe lange Zeit gebraucht - bis ich verstanden habe, wie wir als gutes Team harmonieren. Das Clickern und seine vorausschauende Anwendung hat mir dabei sehr große Hilfe geleistet.

Das Thema Belohnung mit Leckerlis ist unter Trainern und Reitern sehr umstritten. Zu dem Streit trägt leider in vielen Fällen die Anwendung ohne Konsequenz und Weitblick bei. Schauen wir in die Welt der Pferde, so beobachten wir, dass ein ranghohes Tier nie Futter abgeben würde, solange es selbst noch nicht satt ist. Wenn wir Menschen Pferde mit Futter belohnen, ohne dabei feste Regeln zu beachten, degradieren wir uns selbst zu einem rangniedrigen Pferd, das jederzeit weggeschickt und sein Futter selbstverständlich abzugeben hat, bevor es selbst satt ist. Dabei wollen wir Menschen unserem Vierbeiner nur unsere Zuneigung ausdrücken und ihn wertschätzen. Die klare Führung schließt die liebevolle Wertschätzung nicht aus. Leider werden sie als gegensätzlich Pole gesehen und bilden damit den Nährboden für viele Missverständnisse. Das ist jedoch nur eine Sichtweise, denn wir können auch wertschätzend führen.

Mit durchdachten Regeln in einem konsequenten System funktioniert das Clickern und das mit Futter belohnen sehr gut. Außerdem muss es nicht Futter sein, ein Streichler oder eine Pause sind genauso willkommene Belohnungen nach dem Clickern.

## Elisabeth und ihr Painthorse-Wallach Jeff

Meine Kundin Elisabeth kaufte sich einen jungen Wallach, der auf den Namen Jeff hörte. Jeff war ein typischer junger Wallach, der es gewohnt war, mit Hilfe seines Körpereinsatzes vom Menschen das zu bekommen, was er wollte. Die Schwierigkeit in der Beziehung zwischen Jeff und Elisabeth bestand darin, dass sie seine Rempler und Stupser als Ausdruck seiner Zuneigung deutete. Diese Situation ist gefährlich, denn Rempler von 600 kg Pferd können einen Menschen umwerfen.

> **ZUM WEITERDENKEN**
> Warum deutete Elisabeth Jeffs Verhalten als Zuneigung? Zur Klärung möchte ich auf das Denkmodell zurückgreifen. Elisabeth hat den großen Wunsch nahe bei ihrem Pferd zu sein und von ihm gemocht zu werden. Ihr Autopilot hat nun ein Problem. Er muss zwei sich widersprechende Informationen verarbeiten. Zum einen die Gefahr durch das Rempeln und zum anderen der Wunsch nach Nähe. Es entsteht eine Disharmonie in Elisabeths Kopf. Ihr Autopilot löst die Disharmonie elegant, in dem er die Rempler als Beweise Jeffs Zuneigung umdeklariert. Das geschieht natürlich unbewusst. Das Problem war gelöst, Elisabeth akzeptiert die Rempler als Zuneigung und fühlte wieder eine innere Harmonie. Sie hat eine gefährliche Situation sich selber schön geredet.

Elisabeth hatte noch großen Lernbedarf im Umgang mit Pferden und kam in neuen Situationen sehr schnell an ihre Grenzen. Diese Kombination „Großer Lernbedarf" und „Schnell an Grenzen stoßen" bedarf im Training ganz kleiner Schritte auf dem Weg zum Ziel. Interessant wurde es, als Elisabeth mir in ihrer charmanten Art und Weise offerierte, dass sie in einer ganz eigenen Welt leben würde, in der sie anderen nur selten Einlass gewährt. Andere Trainer würden sagen: Sie ist beratungsresistent und geradezu kindlich naiv in ihrer Planlosigkeit. Wenn sie nicht weiter wusste, lächelte sie scheu wie ein Reh und bat untertänig um Hilfe - solange bis der andere ihre Aufgabe übernommen und komplett beendet hatte. Das ist ein erlerntes Verhaltensmuster, das ihr so manche schwere Aufgabe mit vergleichsweise wenig Aufwand vom Halse geschafft hatte. Elisabeth war ein menschlicher Energiesparer.

Ich nahm eine solche Herausforderung gerne an - ist es doch die Aufgabe eines Trainers, die Klientin in ihrer Welt zu erreichen und sie in die Lage zu versetzen, Pläne in ihrer Welt zu entwickeln und verwirklichen zu lassen. Ich nahm den Auftrag dankend an.

Denn Beratungsresistenz und Planlosigkeit ist in Bezug auf Pferde, die eine gewisse Dominanz an den Tag legen, eine Mischung, die richtig unangenehm für den Menschen werden kann. Hier ist ein weiteres Argument Elisabeth zu helfen.

Die Beziehung von Elisabeth zu Jeff entwickelte sich leider unangenehm weiter. Ins Bild von ihr passte auch, wie sie mit Jeff sprach. Es erinnerte mich an ein Mädchen, die ihr Püppchen für das Treffen mit ihren Freundinnen anzieht. Elisabeth trug alle Putzaccessoires zusammen und lächelte der Welt entrückt in sich hinein. „Wie geht es denn heute meinem kleinen Racker, hast Du auf mich gewartet." Das Putzen glich einem Ritual mit wiederkehrenden Aussagen und hochgezogener Stimme: „So, nun müssen wir aber mal die Hufis sauber machen. Man kann nicht mit Steinen und Dreck in den Hufis durch die Gegend laufen. Das tut man nicht. Gib mir mal deine Hufis." Abwartend stand Elisabeth neben dem Vorderbein ihres „Lieblings", der gerade überhaupt keine Notwendigkeit sah, sein Gewicht zu verlagern, um sein

Huf anzuheben. „So, nun müssen wir die Hufis aber mal heben. Sonst können wir das ja nicht putzi putzi machen."

Elisabeth war in ihrer Welt der Meinung, Pferde würden unsere Wortsprache verstehen und sich über eine liebevolle, Kleinkind gerechte Ansprache freuen. Sie ließ Jeff gewähren und gab ihm ein Leckerli aus ihrer Hosentasche. Jeff hatte schon lange vorher bemerkt, dass es etwas Leckeres gab, drehte seinen Kopf schwungvoll in Richtung der Hosentasche von Elisabeth, schubste sie beiseite und nahm sich das Leckerli aus der Hand seines Futterspenders. Elisabeth lächelte und sagte nur: „So ein Schlingel. Der weiß doch immer, wo es was gibt."

Nachdem Jeff genussvoll ausgekaut hatte, verlangte er mit einem Knuff gegen Elisabeths Beckenknochen einen weiteren Leckerbissen. „Ja, natürlich, Du bekommst ja schon eins." Elisabeth konnte gerade mal ihre Hand aus der Hosentasche ziehen, als Jeff auch schon mit seinem Maul nach ihrer Hand schnappte. „Aua, nein, das sollst Du nicht. Lass das!" Elisabeth wich einen Schritt zurück. Jeff folgte ihrem Schritt, um erneut sehr deutlich seinen Belohnungshappen für sein respektloses Benehmen einzufordern. Es funktionierte. Es war jedoch nicht so, dass Elisabeth das Leckerli gab, sondern eher, dass Jeff es sich mit einem erneuten Schritt in den persönlichen Bereich von Elisabeth einfach nahm. Sie musste aufgrund der körperlichen Aufdringlichkeit ihres Pferdes sogar noch einen weiteren Schritt zurücktreten, um nicht zu stürzen. Nach dem Führungsprinzip „Wer bewegt wen?" führte Jeff ganz souverän.

In der Beziehung zwischen Jeff und Elisabeth lief definitiv etwas in die verkehrte Richtung. Belohnungen unbedacht für absolut respektloses Verhalten zu geben, erzieht Pferde zu Dränglern, Schubsern und Beißern. Gerade Wallache, die die direkte körperliche Auseinandersetzung in ihrer Kommunikation bevorzugen, können so zu einer richtigen Gefahr für den Menschen werden. Da Elisabeth in ihrem Umgang mit dem Pferd sehr unsicher und unbedarft war, riet ich ihr eindringlich davon ab, Jeff Leckerlis zu geben. Doch Elisabeth verwöhnte Jeff unverändert weiter und das Schicksal nahm seinen Lauf.

Mit Sorgen fand ich vier Wochen später eine Email von Elisabeth in meinem Postkasten. Sie schrieb, dass Jeff ein unverschämtes, hinterhältiges Pferd wäre, das ihre Liebe nicht verdient hätte. Jeff hatte ihr so stark in die rechte Hand gebissen und dabei drei Finger so gequetscht, dass sie durch die Schwellung der Finger ihre rechte Hand nicht mehr einsetzen konnte. Ihr Arzt musste sie für zwei Wochen krankschreiben. Eine gefährliche Situation. Ich las diese Mail mit gemischten Gefühlen. Wieder wurde ein Pferd in den Augen eines Menschen für unverschämt erklärt, ohne wirklich daran schuld zu sein.

> **ZUM WEITERDENKEN**
> Ich habe als Trainer gelernt, ohne Auftrag läuft kein Training. Wenn der Klient mich nicht in seine Welt einlädt, dringe ich auch nicht gewaltsam ein – ein Klient ist erwachsen und darf sein Schicksal selbst bestimmen. Ich weise dennoch den Klienten mit klaren Worten auf sein gefährliches Verhalten am Pferd hin und baue ihm eine Brücke, in dem der Klient mir jederzeit eine Email schreiben darf. So tat ich es auch bei Elisabeth.

Für viele Pferde sind Leckerlis ein absoluter Motivator, um alles zu geben. Und wenn ich einen so starken Motivator einsetzen möchte, überlege ich mir, wie ich ihn so nutzen kann, dass er mich dabei unterstützt, mein Pferd zu einem respektvollen Partner zu erziehen und es sinnvoll zu trainieren.

Ein Beispiel ist meine kleine Stute Stella. Sie ist seit ihrem zweiten Lebensjahr bei mir und ein echtes Energiebündel. Das Training von Annäherung und Führung verlief erfolgreich, brauchte jedoch seine Zeit. Ich trainierte ungefähr zwei Monate sehr entspannt und konsequent an diesem Thema. Nach dieser Zeit ließ Stella sich von allen Familienmitgliedern sicher mit Halfter und Strick aus dem großen Offenstall holen. Mehr verlangte ich in der ersten Zeit nicht von ihr. Es wurde erst spannend, als der nächste Schritt, das Entfernen vom Stall, folgte. Meine Familie und ich hatten in unseren vielen Beobachtungsstunden in der Stutengruppe bereits bemerkt, dass Stella ein Kümmerer war. Wo immer in der Gruppe etwas los war, Stella eilte zur Stelle und mischte sich ein. Dementsprechend schwierig wurde es, sich mit ihr vom Stall zu entfernen.

Als ich das erste Mal so weit ging, dass die Stutengruppe nicht mehr zu sehen war, wieherte Stella unaufhörlich, riss sich nach 30 Metern los und rannte zum Stalltor zurück. Ich hatte offensichtlich einen Trainingsschritt übersprungen, den Stella noch benötigte. Ich entfernte mich also mit Stella nur so weit, dass die anderen Stuten noch zu sehen waren. An diesem Punkt angekommen, lobte ich Stella mit Streicheleinheiten und brachte sie wieder in die Gruppe zurück. Es war jetzt meine Aufgabe, Stella zu zeigen, dass es immer wieder zu „ihren" Freundinnen auf der Koppel zurückging. Ich ließ ihr eine halbe Stunde in ihrer Gruppe Zeit und holte sie dann erneut aus dem Stall.

Auch beim zweiten „Ausflug" gingen wir nur so weit, dass die anderen Pferde noch sichtbar waren. Stella bekam ihr Lob. Ich verlängerte die Wartezeit auf 2 Minuten. bis wir wieder zurückgingen. Wir wiederholten das Ganze, bis wir 5 Minuten Wartezeit an der Stelle mit Sichtkontakt erreicht hatten. Erfolgreich beendeten wir das Training für diesen Tag.

Am folgenden Tag wollte ich den nächsten Schritt gehen und mich mit Stella so weit von den anderen Stuten entfernen, dass sie außer Sicht waren. Alles klappte gut, bis zu dem Punkt, an dem Stella die anderen Stuten nicht mehr sah. Sie wurde nervös, tänzelte um mich herum und wurde erneut panisch. Sie blendete mich komplett aus, riss sich wieder los und flüchtete zum Stall zurück. Wir wiederholten diesen Schritt noch einmal, jedoch ohne Erfolg. Wir gingen zum Abschluss noch einmal bis auf Stutensichtweite, was erfolgreich verlief und beendeten das Training damit.

Zuhause dachte ich an den Satz „Wenn Du immer das Selbe tust, kannst Du nicht erwarten, dass etwas anderes passiert." Und mir kam eine Idee. Die Wartezeit, die ich mit Stella an dem Punkt verbrachte, an dem die Stuten noch sichtbar waren, musste für Stella so interessant gestaltet sein, dass es sich für sie lohnte, sie also einen Nutzen dabei hatte, dort zu sein. Und ein Nutzen waren für sie „Karottenstücke". Sie liebte Karotten über alles. Doch diese sollten kein Lockmittel sein, sondern eine Belohnung für ihre Leistung. Auch hieraus sollte ein Nutzen für uns alle entstehen. Und der fiel mir sehr schnell ein. Das sichere Hufe geben war der nächste Schritt, der auf unserem Trainingsplan stand. Warum also nicht zwei Fliegen mit einer Klappe schlagen. Das Clickern von Fähigkeiten hatte mich schon immer fasziniert. Jetzt kam es zum Einsatz.

Am nächsten Tag gewöhnte ich Stella daran, dass auf einen Clicklaut, den ich mit der Zunge machte, ein Karottenstück folgte. Dazu hatte ich genügend Möhrenstücke in einer Gürteltasche bei mir. Um einen respektvollen Trainingsumgang zu gewährleisten, war es wichtig, dass Stella außerhalb meines Bereichs blieb, der ungefähr eine Armlänge um mich herum groß war.

Ich stellte mich mit Stella in den Roundpen, der direkt an die Weiden mit den anderen Pferden anschloss. Hier war sie entspannt und ich konnte frei ohne Strick mit ihr clickern.

Um meinen Bereich sichtbar zu machen, hatte ich aus gelbem Drainagerohr einen Reifen von ungefähr 1,60 Metern Durchmesser in den Roundpen gelegt. Kaum stand ich mittig in diesem Reifen, kam Stella neugierig zu mir. Sofort begann ich mit dem Clicklaut, dem zeitgleich mit ausgestrecktem Arm und flacher Hand ein Leckerli folgte. Stella nahm es gierig. Noch bevor sie ausgekaut hatte, kam der nächste Click, dem ein Karottenstück folgte. Auf diese Art bekam Stella den halben Inhalt der Gürteltasche. Danach machte ich eine Pause.

Da sie meinen Bereich nicht in Frage gestellt hatte, führte ich die nächste Gewöhnungsphase ohne den Drainagereifen durch. Stella drängte sofort an meine Seite. Also wartete ich mit dem ersten Clickern, bis ich sie sich auf eine Armlänge Abstand von mir wegbewegt hatte und sie an diesem Platz stehen blieb. Ich hielt meine Position. Stella nahm sich das gereichte Karottenstück und machte erneut einen Schritt auf mich zu. Ich schickte sie wiederholt, fest auf meiner Position stehend, von mir weg. Erst als sie ruhig stand, gab es die nächste Belohnung in Form des Clicks. Danach folgte das Karottenstück. Es erforderte noch eine Reihe von Durchgängen dieser Art, bis Stella verstanden hatte, dass es reine Energieverschwendung war, auf mich zu zu kommen. Sie kam nun nur bis auf eine Armlänge an mich heran, um ihre versprochene Belohnung entgegen zu nehmen. Für diesen Tag beendete ich das Training mit ihr.

Am nächsten Tag setzte ich das Clickertraining fort. Als Trainingsraum wählte ich auch dieses Mal den Roundpen. Stella hatte die Gürteltasche mit den Karottenstückchen schon entdeckt und versuchte, dicht an mich heran zu kommen. Ich blieb in der Mitte des Roundpens stehen und schickte Stella von mir weg. Ich clickerte erst dann das erste Mal, als sie eine Armlänge von mir entfernt vor mir stehen blieb. Nachdem diese Art der Belohnung noch einige Male erfolgreich klappte, ging es nun an das Hufe aufheben. Sinn des Clickerns ist es, beim Lernen von Neuem, jeden kleinsten Schritt des Pferdes in die gewünschte Richtung zu belohnen.

Mein Ziel mit Stella war es, dass sie beim Abstreichen des Beins in Richtung Huf dies anhob. Wichtig war mir dabei, dass sie dabei frei in ihrer Bewegung war und ohne Störung ihr Gleichgewicht halten konnte. Mein Griff am Huf musste dementsprechend locker sein, um diese Bewegung zuzulassen. Ich strich also immer wieder mit meiner Hand an ihrem Bein herunter und wartete auf die kleinste Reaktion, die in die gewünschte Richtung ging. Sie kam in Form einer leichten Gewichtsverlagerung von dem zu hebenden Bein weg. Click und Karottenstück folgten sofort. Nach einigen Wiederholungen des Signals folgte die Gewichtsverlagerung sicher. Nun sollte das Anheben des Hufs folgen. Ich clickerte also nicht mehr die Gewichtsverlagerung, sondern wartete länger. Um das Signal zu verstärken, klopfte ich nach dem Abstreichen des Beins auf den Huf. Auch hier wartete ich, bis die gewünschte Reaktion in den Ansätzen kam. Es war die vermehrte Gewichtsverlagerung mit einem ganz leichten Anheben des Hufs, die mehr einem Leichtmachen glich. Doch es war ein weiterer Schritt. Als auch diese Reaktion auf das Signal sicher folgte.

Ich ging mit Stella an der Koppel entlang und entfernte mich genau so weit, dass die Stuten noch sichtbar waren. Hier wiederholte ich das eben im Roundpen erlernte. Es erfüllte mich mit einem warmen und wohligen Gefühl, dass Stella sehr aufmerksam auf mein Signal am Bein achtete und in dieser neuen Trainingsumgebung sicher auf dieses Signal reagierte. Sie verlagerte ihr Gewicht und hob den Huf kurz an. Umgehend erhielt sie dafür den Click und anschließend das Möhrenstück. Die Wiederholungen des Signals beantwortete sie jedes Mal sicher mit der gewünschten Reaktion. Mein Bauchgefühl sagte mir, dass hier ein erfolgreicher Trainingsabschluss lag. Also brachte ich Stella zurück in den Stall.

Am folgenden Tag erhielt Stella aufgrund eines Tagesseminars, dass ich zum Thema „Kinder lernen mit Pferden" in einem Kindergarten gab, eine Trainingspause. Mit einem sensationellen Ergebnis. Ich hatte am folgenden Trainingstag ein aufmerksames Pony an meiner Seite, das sich gelassen mit mir gemeinsam vom Stall entfernte. Sobald wir den ersten Schritt außerhalb der Sichtverbindung zu den anderen Stuten erreicht hatten, kam der Click mit dem nachfolgenden Karottenstück. Jeden weiteren Schritt, mit dem sie sich durch mein Körpersignal zum Antreten weiter vom Stall entfernte, wurde mit einem Click belohnt. Nach ungefähr 20 Metern, die wir entspannt auf diese Weise zurückgelegt hatten, kehrte ich mit ihr um, bis zu dem Punkt, an dem die anderen Stuten wieder in Sichtweite kamen. Ich fragte hier noch einmal das Hufe aufheben ab, das von Stella auf Anhieb erfolgreich beantwortet wurde. Ich genoss diese Gelassenheit von uns beiden und fühlte eine Verbindung zwischen Stella und mir, die einem unsichtbaren Band glich. Von diesem Tag an veränderte sich sehr viel in unserm gemeinsamen Zusammensein.

Das Clickern vertiefte meine Fähigkeit, Ziele in kleine Einzelziele aufzuteilen und Stella in ihren Reaktionen auf meine Signale zu beobachten. Ebenso trainierte ich mein eigenes Körpergefühl. Welche meiner Bewegungen wirken als Signale für Stella? Ich bewegte mich und achtete genau, wie Stella folgte. Mit der Zeit stellte sich ein Gleichklang der Bewegungen ein. Ich entwickelte für jede Aktion von Stella ein Bewegungsmuster, angefangen mit meiner Platzierung zum Pferd, über die Körperhaltung bis hin zur weichen, führenden Handbewegung. Jede gelungene gemeinsame Aktion belohnte ich bei Stella mit einem Clickern, wobei nicht immer ein Leckerli sofort zur Hand sein musste. Es reichte auch bei der zweiten und dritten gelungenen Aktion aus, Stella bei Motivation zu halten. Meine Belohnung war das

Gefühl, das Stella sich im Einklang mit mir bewegte. Eine Stallkollegin rief mir einmal zu, Stella und ich würden wie ein eingespieltes Tanzpaar aussehen und so fühlte ich mich auch. Ich baute unsere Tanzschritte aus. Mit meinen Händen führte ich Stella an einem unsichtbaren Strick durch kleine Parcours.

Besonders viel Freude hat mir beim Clickertraining das Herantasten an meine Bewegungen bereitet. Stella bzw. Pferde im Allgemeinen spiegeln unsere Körperbewegungen. Je weicher und ganzheitlicher ich meinen Körper einsetzte, umso entspannter und freiwilliger folgte Stella. Das Clickern führte uns beide weg von den Signalen über Zug mit dem Strick oder Druck mit der Peitsche. Wir begannen uns miteinander zu bewegen, jeder konnte sich auf den anderen verlassen. Dieses Gefühl der Sicherheit und des Wohlwollens, das sich zwischen Stella und mir über das Clickern aufbaute, erweiterte unsere Möglichkeiten, Neues entspannt und nachhaltig zu lernen. So waren Spaziergänge jetzt ganz normal, egal wie weit wir uns vom Reithof entfernten. Es war die Aufmerksamkeit aufeinander, die uns das Clickern gebracht hatte. Und die konsequent angewandte Systematik, die Mensch und Pferd genau die Sicherheit gibt, die beide zum Lernen brauchen.

Entsprechend unseres Denkmodells können wir mit Hilfe unserer Körperhaltung auch unser Gemüt beeinflussen. Bei Pferden ist dies ebenso möglich. Da Stella auf die Busse, die bei uns am Reithof vorbeifuhren, anfangs mit einem Hochreißen des Kopfes und hektischem Getrippel reagierte, brauchte ich ein Signal, mit dessen Hilfe ich Stella beruhigen konnte. Das Signal sollte vom Boden wie auch später aus dem Sattel heraus gegeben werden können. Eine Körperhaltung, die bei Pferden mit Ruhe und Sicherheit geankert ist, ist der gesenkte Kopf, ähnlich wie beim Grasen. Also clickerte ich diese Körperhaltung in Verbindung mit dem Auflegen meiner Hand kurz vor dem Widerrist auf dem Mähnenkamm. Diesen Punkt konnte ich vom Boden genau so gut erreichen, wie aus dem Sattel. Wir gingen gemeinsam an die Grenze, an der Stella noch ihre Pferdeherde sehen konnte und setzte das Clickern als positiver Verstärker ein, wenn ich sie Schritt für Schritt weiter weg führte und sie ruhig und entspannt auf mich achtete. Bei einer leichten Unruhe lenkte ich sie durch unsere Trainingsübungen, z.B. Hufe anheben, Kopf absenken, ab. Diese Bewegungen erinnerten Stella an die gemeinsame Zeit auf den Hof, wo sie sich sicher gefühlt hatte. Ich nutzte die Bewegungen als Körperanker bei Stella für Ruhe und Gelassenheit. Mit der Zeit wurde es immer selbstverständlicher für Stella den Hof und ihre Herde zu verlassen. Durch meine ihr bekannten Bewegungen und Aufgaben baute ich den sicheren Rahmen für sie auf, den sie für eine Trennung von ihrer Herde benötigte. Wichtig war dabei ein sehr langsames und einfühlsames Vorgehen. Die Zeit, die ich beim Training investiert habe, erhielt es später vermehrt (mit Zinsen) zurück.

Stella hatte meine Signale sicher gelernt. Jetzt kam auf uns die nächste Aufgabe zu. Wie verhält sich Stella im Straßenverkehr. Ich nutzte den Mähnenanker für die Begegnung mit dem Bus. Wir stellten uns in der Nähe der Bushaltestelle fünf Minuten vor Ankunft des Busses auf. Schon bevor dieser die Haltestelle pünktlich erreichte, clickerte ich das Senken des Kopfes. Als der Bus kam, riss Stella den Kopf kurz wieder hoch und begann zu tänzeln. Mein Handauflegen auf den Mähnenkamm wirkte mit kurzer Verzögerung. Stella senkte den

Kopf, Clicker. Das Karottenstück gab ich ihr beabsichtigt sehr tief, damit der Kopf länger unten blieb. Ihr Kopf ging schnell wieder hoch, sie blieb jedoch stehen. Ich legte meine Hand erneut auf den Signalpunkt und erhielt prompt die gewünschte Reaktion. Die Bestätigung kam sofort. Click. Karotte. Ich selbst atmete entspannt und ließ meine Schultern locker sinken. Solche sonst heftigen Reaktionen von Stella mit dem Clicker so erfolgreich abmildern zu können, war eine echte Bereicherung für unser gemeinsames Training.

Bisher verließen wir den Reithof zu Fuß und auf Hufen. Der nächste Schritt war das Wegfahren mit dem Pferdeanhänger. Wie man elegant das Pferd in den Pferdeanhänger gehen lassen kann, erzähle ich in der nächsten Geschichte von Elke mit ihrer Stute Pauline im nächsten Kapitel.

Ich möchte noch kurz zu Elisabeth zurückkehren. Nach drei Wochen waren die Finger wieder soweit abgeschwollen, dass sie ihre Hand einsetzen konnte. In dieser Zeit hatte sie auch jeden Kontakt zu Jeff vermieden, erinnerten doch ihre schmerzenden Finger sie an die Unverschämtheit von Jeff. Sie nahm Kontakt zu mir auf und ich dankte ihr für die Email. Ganz bewusst ließ ich offen, wann wir uns zum nächsten Training wiedersehen. Ich wollte sie nicht bedrängen, denn ich ahnte schon, dass Elisabeth sich durch die Situation mit Jeff an früheres Leid erinnerte.

Elisabeth brauchte noch weitere drei Wochen, bis sie wieder bereit war, das Training mit Jeff aufzunehmen. Sie erzählte mir, dass sie sich durch die Unverschämtheit von Jeff wieder an Bilder einer Situation aus ihrer Schulzeit erinnerte. Damals war sie mit einem Jungen zusammengewesen, den sie gemocht, der sie aber sehr bedrängt hatte. Und so hatte sie damals unter dem Zwiespalt gelitten, die Nähe des Jungen zuzulassen und doch seinem Drängen nicht nachgeben zu wollen. Es hatte sich furchtbar angefühlt, letztlich hatte sich der Junge frustriert zurückgezogen und begonnen sie zu ärgern. Mit Tränen in den Augen schaute sie zu Jeff.

Ich lächelte Elisabeth an und dankte ihr für die Offenheit. Für einen Trainer ist es wichtig, Körperanker der Kunden kennen zu lernen. Denn diese im Training auszulösen – also in das berühmte Fettnäpfchen zu treten – fördert nicht das Fortkommen des Klienten und die Beziehung zum Trainer.

Das Schöne im Training mit den Pferden ist, dass man sie als Stellvertreter in der damaligen Situation nutzen kann und mit neuen positiven Ankern den alten belastenden Körperanker überschreiben kann. Damals war Elisabeth nach der Trennung den Anfeindungen ihres Schulfreundes ausgeliefert. Heute war sie durch klare Regeln und deutliches Verhalten, was sie wollte, in der Lage, die Situation für sich positiv zu gestalten.

Das Clickern half ihr, die Regeln mit Jeff klar zu strukturieren. Es gab ihr und Jeff die Sicherheit im Umgang miteinander. Jeff erhielt klare Grenzen und lernte schnell, ab welcher Nähe Elisabeth sich unwohl fühlte. Genauso lernte Elisabeth, Jeff konsequent weg zu schicken, wenn er in ihren Bereich eindrang, auch wenn sie in dem Moment eigentlich über einen Körperkontakt zu einem Lebewesen gefreut hätte. Pferde können uns über ihr offenes und ehrliches Gemüt helfen, einiges über uns selbst zu erfahren. Schön, dass es solche Partner gibt.

> **ZUM WEITERDENKEN**
> Wie so häufig beim uns, lenken verborgene, verdrängte Erinnerungen unsere aktuelle Wahrnehmungen und Aktivitäten. So auch bei Elisabeth. Ihre damaligen Schuldgefühle gegenüber dem Jungen ließen sie unbewusst alle Unarten von Jeff verzeihen und sie hatte Angst wieder einem Lebewesen – hier Jeff - entgegenzutreten und Nein zu sagen. Denn damals war der Junge nicht nur sauer auf sie gewesen, sondern hatte sie auch noch seinen Ärger grob spüren lassen. Elisabeth brauchte mehr die Trainingspause zum Bearbeiten ihrer Erinnerungen als zur Heilung ihrer Hand. Jeff hat deutlich die Grenze zu ihrem Wohlgefühl überschritten und damit einen tiefen Körperanker bei ihr ausgelöst. Es ist schon erstaunlich, dass sich vieles im Leben wiederholt, es sind zwar andere Lebewesen an der Situation beteiligt, jedoch bleibt die Situation mit den Gefühlen das gleiche. Unsere Schweinhunde lieben ähnliche Situationen

# Pferde auf den Anhänger verladen

### Elke und ihre Pony-Stute Pauline

Im Sommer 2014 gab Michael Geitner einen Kurs zur Equikinetic® am Niederrhein. Ich assistierte ihm. Dabei traf ich Elke mit ihrer Stute Pauline. Beide wirkten wie ein eingespieltes Team und lösten die Aufgaben zur Equikinetic® mit Bravour. Ich fand das so toll, dass ich auf Elke zuging und sie spontan lobte. Sie lächelte und sagte: „Ja, die Trainingstechniken der Dualaktivierung® und jetzt neu die der Equikinetic® sind Klasse und klar strukturiert. Ich muss nicht viel nachdenken, einfach nach System vorgehen. Aber, weil Du gerade hier bist, meine Pauline will in keinen Pferdeanhänger gehen. Ich habe ein Video von der Pferdemesse gesehen, da ist ein Pferd freiwillig auf einen fahrenden Anhänger gegangen. Pauline geht freiwillig höchstens im Abstand von fünf Metern um einen stehenden Anhänger. Klar, der Anhänger muss nicht fahren, wenn sie einsteigt, aber ich würde gern mit Pauline auf de stehenden Anhänger gehen, sie einladen und dann losfahren. Was ist Dein Tipp?"

Für dieses Ziel ist die Dualaktivierung® eine super Grundlage, denn sie schult durch den Muskelaufbau das Gleichgewicht des Pferdes, das dann eine Rampe sicherer hinaufgehen kann. Bleibt noch das Problem mit der Enge im Pferdeanhänger, denn Pferde sind Klaustrophobiker.

Ich vereinbarte mit Elke einen Termin, an dem sie mir ihr Problem zeigen sollte. Als ich auf den Hof rollte, hatte Elke schon den Pferdeanhänger vor ihr Auto gespannt und die Ladeklappe heruntergelassen. Pauline stand 10 Meter entfernt friedlich angebunden. Nach einer herzlichen Begrüßung bat ich Elke, Pauline so wie immer zu verladen. Elke schaute etwas zerknirscht, denn das Verladen war ihr bisher nicht gelungen. Aber für ein gutes Training ist das Vorführen des Problems bis zu dem Punkt, an dem es hakt, und eine geschulte Beobachtung von Pferd und Mensch notwendig. Auch klärte ich vorher, ob Pauline mit dem Verlassen des Reithofes Schwierigkeiten hätte. Das verneinte Elke. Beide würden schöne Ausritte in die nahe Natur unternehmen.

Wir begannen mit dem Training. Elke nahm ihre Stute am Strick und ließ sie den ersten Schritt machen. Ich freute mich, hatte sie doch das „Wer bewegt wen?" verinnerlicht. Sie kamen dem Anhänger näher. Im Abstand von fünf Metern begann Pauline immer mehr rückwärts zu laufen. Elke antwortete mit mehr Zug am Strick. Pauline ließ sich noch die restlichen Meter mit Zug überzeugen, aber mit den Vorderhufen auf die Laderampe gestemmt, war dann endgültig Schluss. Pauline stand wie ein versteinertes Pferdedenkmal da.

„Was hast Du schon alles versucht und was war Dein Ergebnis?", fragte ich Elke. Sie zählte auf: die Leckerli-Straße: Pauline folgte der Straße bis in den Anhänger, um dann sofort im Kauen wieder rückwärts vom Anhänger zu gehen. Druck und Entspannung: Elke ließ Pauline entspannt in Richtung Anhänger gehen, sobald Pauline stehen blieb, schickte Elke Pauline mit Druck zurück. Sie machte es ihrer Stute damit sehr unbequem. Dann nahm Elke den Druck raus und Pauline ging wieder entspannt nach vorne bis sie wieder stehen blieb. So schafften es beide bis Pauline ihre Vorderhufe auf die Rampe des Anhängers stemmte. Dann war Schluss.

Nach 15 min intensivsten Versuchens fragte ich, wie lange sie das Anhängertraining durchführen möchte. Elke hielt inne: „Ich bin da hartnäckig, mindestens 60 min, dann habe ich keine Kraft mehr. Mir hat ein Trainer erzählt, wenn ich einmal nachgebe, hat das Pferd gewonnen und dann geht es nie wieder auf den Pferdeanhänger."

„Mmh!", antwortete ich und ließ die Aussage des Trainerkollegen erst einmal stehen. Da war wieder das Phänomen, das ich auch bei Stella erlebt habe. Wir Menschen neigen bei Herausforderungen dazu, mit dem Kopf durch die Wand zu wollen – frei nach dem Glaubenssatz: Jetzt habe ich das Anhängerbeladen 100mal probiert, irgendwann klappt das schon - oder auch nicht. Die Frage ist: Wann mache ich es richtig? Und spart es nicht Zeit und Energie, es gleich beim ersten Mal richtig zu machen?

Was heißt „richtig" hier in der Situation. Versetzen wir uns in die Lage des Pferdes. Was sind seine Bedürfnisse? Als Beutetier ist das wichtigste Bedürfnis die Sicherheit. Pferde fühlen sich sicher, wenn sie sich bewegen können, gut trainiert sind, also Kraft und Gleichgewicht haben, um schnell fliehen zu können, einen sicheren Stand haben und zu Hause in ihrer Herde sind, wo sie jeden kennen, ihren Rang kennen, Fressen haben und sich aufgehoben fühlen. Was lässt der Anhänger für das Pferd an Bedürfnisstillung zu? Nicht sehr viel. Ein Dach über dem Kopf und ein Heunetz in Reichweite. Das Pferd lernt als Jungtier kennen, dass es durch den Anhänger von seiner Herde getrennt wird. Es hat keinen Platz zur Bewegung und der Stand auf der schrägen Rampe und später beim Fahren ist sehr unsicher.

Ich nahm Elke zur Seite und gemeinsam schauten wir auf den Anhänger. „Was für Herausforderungen für Pauline siehst Du?" „Ich sehe die Rampe, auf der ist Pauline schon einmal weggerutscht. Der Platz im Hänger ist mit dem Mittelsteg ganz schön eng. Ich bin einmal auf dem Anhänger mitgefahren – nur ganz langsam auf dem Reithof – ich bin ganz schön geflogen und habe mich richtig festhalten müssen." Elke schaute auf ihre Hände und kam ins nachdenken. „Okay, ich habe verstanden." sagte sie nach einer Weile. Was kann ich jetzt tun, damit Pauline freiwillig auf den Anhänger geht?"

Ich lächelte sie an: Schauen wir einmal, was Du schon gemacht hast. Du hast die Dualaktivierung® verinnerlicht und hast die Muskulatur und das Gleichgewicht von Pauline geschult. Damit hast Du schon mehr als die halbe Miete eingefahren. Die Basisfähigkeiten sind also vorhanden. Ziel des Trainings ist es, Pauline an den Anhänger zu gewöhnen. Dieses Ziel ist im Augenblick noch zu groß, es bleibt jedoch in unserem Hinterkopf. Wenn man jemanden an etwas Neues gewöhnen möchte, dann geht man kleine Schritte, setzt sich kleine Ziele und fällt nicht mit der Tür ins Haus. Tanzen hast Du auch nicht sofort gekonnt. Erst hast Du die Grundschritte nacheinander gelernt, Deine Körperhaltung justiert und Dich auf deinen Partner eingestellt. Und natürlich hast Du noch ein Ohr für die Musik frei gehabt.

Welche kleineren Schritte fallen Dir bei Pauline ein?" Elke überlegte und dann rief sie aus: „Mensch, natürlich, das ist es. Ich baue den Anhänger Stück für Stück bei uns in der Reithalle nach." Sofort war Elke unterwegs zur Reithalle. Dort lagen Cavalettis, zwei Planen und ein langes Brett, dass als Trainingswippe genutzt wurde. „Wir wollen mit dem Rampentraining beginnen," schlug Elke vor. Unter das lange Brett wurde eine Cavaletti-Stange gelegt, schon war die Trainingsrampe fertig. Elke holte Pauline, die neugierig die Wippe beschnupperte. In ihrer gewohnten Hallenumgebung war Pauline ruhig und gelassen. Elke ging es genauso. Sie führte Pauline vorwärts und rückwärts über die Wippe. Pauline durfte sogar mitten auf der Wippe stehen und selbst wippen. Da sage noch einer, Pferde trainieren nicht selbständig ihr Gleichgewicht. Die einzelnen erfolgreichen Übungen auf der Wippe wurden mit Clickern begleitet, so dass Pauline auf „Go" auf die Wippe ging und bei „Halt" stehen blieb, egal ob sie auf der Wippe oder danach anhielt. Danach bekam Pauline eine Pause, um die neuen Erfahrungen zu verarbeiten. Elke strahlte mich an: „Und weißt Du, was das Beste bei diesem Training ist? Ich denke überhaupt nicht an den Anhänger und dem Frust beim Beladen. Ich bin einfach glücklich über die positiven Schritte mit Pauline auf der Wippe."

Schöner konnte sie ihren Körperanker nicht beschreiben. Beim Anblick des Anhängers waren ihre Muskeln durch die bisherigen frustranen Erlebnisse sofort verspannt. Pauline hat diese Verspannung aufgenommen und mit ihrer Erstarrung auf der Rampe widergespiegelt. Ein Ziel im Training war es, diesen negativen Körperanker durch positive Erfahrungen zu überschreiben.

Ich nahm Elkes Freude auf und erwiderte: „Das ist das Geheimnis der kleinen Schritte. Unsere Schweinhunde mit all ihren Horrorszenarien werden ausmanövriert. Mit jedem kleinen Schritt, der uns gelingt, bekommen wir mehr Selbstvertrauen, unser Schweinehund bemerkt noch nichts böses und unsere Fee Felizitas hat Zeit uns zu stärken. Wenn Du Deinen Schweinehund mit einem zu großen Satz alarmierst, zeigt Deine Muskulatur seine Anspannung. Dein Pferd liest Deine Körperspannung und den Rest kennst Du. Das Geheimnis liegt in den kleinen Schritten. Was ist Dein nächster Schritt?"

Elke überlegte nicht lange: „Jetzt bauen wir den Anhängen mit den Cavaletti-Stangen und den beiden Planen an der Bande nach. Wenn ich Pauline wäre, wäre der nächste Schritt die Seitbegrenzung, mehr noch nicht." Ich hätte es nicht besser formulieren können. Denn es war toll, dass sich Elke in ihr Pferd hineinversetzen konnte. So spürte sie, was Pauline noch brauchte und wie klein der nächste Schritt sein sollte. Durch die Projektion in ihr Pferd beobachtete sie auch sich selber und spürte, was sie selber als nächsten Schritt schaffen würde. Sie hatte ihrem Schweinehund ein Schnäppchen geschlagen, der bisher ihr das Horrorkopfkino bescherte.

Beim nächsten Schritt erhielt unser Durchgang ein Dach, danach wurde er hinten verschlossen. Pauline ging auf Kommando selbständig hinein und auch rückwärts wieder hinaus. Wir beendeten das Training, denn wir hatten einen wichtigen Schritt zum Verladen gemeistert. Wir hatten den Anhänger ohne Rampe nachgebaut.

In der nächsten Trainingsstunde hatte Elke das Anhänger-Double wieder aufgebaut. Pauline stand zum Training bereit, Elke hielt den Ablauf, der mit dem Holen von der Weide über Putzen lief, ein, so dass beide die gewohnte Struktur für ihre Sicherheit hatten.

Man konnte Elke eine leichte Aufregung anmerken, denn heute wollten wir die Wippe in unseren nachgebauten Anhänger schieben. Ich nahm zuvor Elke zur Seite und gemeinsam wiederholten wir die Struktur vom Holen des Pferdes bis zum Putzen, betonten, wie schön harmonisch das funktioniert hat, und dachten an das gestrige Training, wie schön sie mit Clickern Pauline über die Wippe vorwärts und rückwärts bewegt hat. Bei der Erinnerung, dass Pauline freiwillig gewippt hatte, mussten wir lachen. Durch die Wiederholung konnte sich Elke an ihre tollen Leistungen mit Pauline wieder erinnern und wurde ruhiger. „Wenn ich aufgeregt bin, habe ich ein Brett vor dem Kopf und sehe überhaupt nichts mehr – jetzt ist doch alles klar und ich freue

mich auf die neue Herausforderung," fasste Elke mein kleines Coaching treffend zusammen. Schöne Erinnerungen stärken das Selbstbewusstsein.

Damit auch Pauline sich an gelungene Taten erinnern konnte, begannen wir mit dem erfolgreichen Schritt vom letzten Training. Sie durfte zum einen auf der Wippe in der Reithalle nach Herzenslust wippen, ohne in den Anhängernachbau mit festem Boden gehen zu müssen.

Jetzt war Elke bereit, die Wippe in dem Anhänger-Double aufzubauen. Sie nahm Pauline am Strick und schickte sie dann wie am Tag zuvor hinein in den Anhänger-Nachbau. Pauline wirkte unruhig, ges-

---

ZUM WEITERDENKEN

Ich führte Elke an meiner Seite und schaute dann mit ihr gemeinsam auf den Anhänger. Im Denkmodell sind die Wahrnehmung, das Denken, die Aktivität und ganz besonders das Gefühl miteinander verbunden. Elke war noch verärgert über ihren Misserfolg beim Verladen.

Das Ärger-Gefühl saß tief und nahm ihr ganzen Denken, die Wahrnehmung und auch ihre Haltung ein. In einem solchen Gefühlmodus greifen wir gerne auf die Verhaltensmuster unserer Vorfahren zurück: Flucht oder Kampf. Beide hat Elke schon gezeigt. Sie wollte Pauline mit Gewalt in den Anhänger ziehen – also kämpfte sie. Und als Pauline stärker war, hat Elke aufgegeben – also floh sie.

Unter Ärger bzw. Stress fallen uns kaum eleganten Lösungen ein – wir sind assoziiert mit der Situation und in ihr gefangen. Mit dem Schritt zur Seite, mit dem bewussten Schauen kommen wir aus dieser Gefühlsfalle heraus und können bewusst über Lösungen nachdenken. Wir distanzieren uns von unserem Gefühl, wir sind dissoziiert. Manchmal hilft auch eine Nacht über das Problem zu schlafen bzw. die Wunderfrage. Dann lassen wir unseren unbewussten Lösungsfinder für uns arbeiten.

tern war der Boden noch fest, heute wackelte er als sie den ersten Huf daraufsetzte. Behutsam und entspannt schickte Elke Pauline immer ein Stückchen weiter in den Anhänger, natürlich folgte ein Clickern bei jedem gelungenen Schritt. Das schöne beim Clickern ist, dass der Clicklaut die Belohnung ist und das Pferd weiß, es bekommt das Leckerli, wenn auch etwas später, jedoch auf jeden Fall. Verlässlichkeit ist beim Clickern das Zauberwort. Nach 30 min stand Pauline auf der Wippe in unserem nachgebauten Pferdeanhänger und das Training war für heute zu Ende. Elke bekam den Auftrag, dieses Training solange fortzuführen, bis Pauline auf Kommando selbständig und flüssig in den Anhänger-Double ging. Dann sollte sie mich für den nächsten Schritt anrufen.

Nach einer Woche meldete sich Elke bei mir. „Rike, Du kannst kommen, Pauline geht selbständig in unseren Anhänger." „Super, ich komme. "Elke hatte gewissenhaft das Anhänger-Double mit der Wippe in der Halle aufgebaut, damit Pauline wieder mit dem letzten erfolgreichen Schritt anfangen konnte, und auf dem Reithof den Anhänger vorgefahren. Die Rampe war heruntergelassen, der Mittelsteg war zur Seite geschwenkt, so dass die Box weit offen stand. Vorne am Hänger hatte sie ein gefülltes Heunetz aufgehängt. Elke wiederholte mit Pauline das Training in dem Anhänger-Double mit Wippe. Es klappte hervorragend. Dann ging sie mit Pauline zum echten Pferdeanhänger. Jeder weitere Schritt vorwärts in den Anhänger wurde von einem Clickern begleitet. Und nach einigen Anläufen stand Pauline im Pferdeanhänger. Wir warteten noch 10 Sekunden, bis wir die hintere Stange verschlossen. Pauline war derweil damit beschäftigt, Heu aus dem Netz zu zupfen. Elke ging wieder vorne in den Anhänger hinein und lobte Pauline ruhig und gelassen. Ich hängte die hintere Stange wieder aus und Elke ließ Pauline langsam rückwärtsgehen. Sie baute kleine Stopps ein, damit ihr Pferd nicht überhastet nach hinten stürzte und gegebenenfalls wegrutschte. Das würde nur die alten Erinnerungen wieder aufflackern lassen. Was aber nicht schlimm ist, denn wir würden einfach wieder von vorne anfangen und die alten Erinnerungen mit neuen positiven Erinnerungen für Pauline überschreiben.

Hier kann das Denkmodell prima zur Veranschaulichung genommen werden. Zu den früheren furchtbaren Erinnerungen von Pauline und natürlich auch von Elke kommen kleine gelungene Schritte hinzu. Je mehr tolle Schritte, umso besser. Und desto höher ist die Wahrscheinlichkeit, dass sich Elke und Pauline nach den neuen gelernten Schritten verhalten. Das hieß aber auch, dass an manchen Tagen, wenn das Gefühl einfach einmal anders war, das Verladen nicht so gut klappen konnte. Dann ging Elke einfach zurück zu den Schritten, die funktionierten, tankte dadurch Selbstvertrauen und Gelassenheit und schaute, was an diesem Tag möglich war.

Das Ziel von Elke, Pauline auf den Pferdeanhänger zu führen, war erreicht. Auch ich freue mich jedes Mal, wenn eine Beziehung zwi-

> **ZUM WEITERDENKEN**
> Sicherlich haben Pferde kein Bewusstsein im menschlichen Sinne. Aber warum sollen Pferde nicht in Bildern denken können, wie wir auch, wenn wir uns eine Reiseroute vorstellen. Auch sie wägen ab, ob sich ein bestimmtes Verhalten in Zukunft lohnt oder nicht.

schen Mensch und Pferd einen weiteren gemeinsamen Schritt gemacht hat. Ich verabschiedete mich von beiden und Elke schenkte mir noch einen kräftigen Umarmer. Meine Aufgabe war getan.

Acht Wochen später erhielt ich eine Postkarte aus der Eifel. Elke hatte an einem Wanderritt über das Wochenende in der Eifel teilgenommen. Ich fand das wunderbar. Wie so häufig im Leben geht von einer kleinen Frage beim Geitner Training eine schöne Geschichte aus.

Das Schöne an einer Pferd-Mensch-Beziehung ist, dass es immer wieder neue kleine Überraschungen gibt. So besteht immer wieder eine neue Chance, sich noch besser kennen- und schätzen zu lernen – für ein harmonisches Miteinander.

# Wunsch oder Wirklichkeit: Konsequentes Verhalten

### Dagmar und ihr Wallach Wotan

Mein Training mit Dagmar und ihrem Wallach Wotan fing sehr interessant an. Ich sah Dagmar, dachte sofort an das Denkmodell und daran, wie viel Trost und Ausreden unser Bewusstsein spenden kann, wenn unsere Schweinehunde einmal wieder in unsere Wünsche gebissen haben. Wie kam ich bloß auf diesen Gedanken?

In der Kennenlernrunde schilderte Dagmar ein super durchorganisiertes Leben. Im Beruf bekam sie für ihr Führungsverhalten viel Anerkennung. Zu Hause waren die Familienaufgaben klar verteilt, der Ehemann und die Kinder wussten, wo ihre Plätze in der Familienherde waren. Und da die Kinder sehr selbständig waren, hatte sie nun mehr Zeit für ihre Hobbies. Sie fuhr Fahrrad nach einem Trainingsplan mit Intervallstrecken, traf sich jeden zweiten Dienstag mit ihren Kegelfrauen „Alle Neune" und hatte sich vor einiger Zeit ein Pferd passend zu ihrer Größe und Statur gekauft. Der Wallach hieß Wotan und war ein großer, kräftiger Friese. Das passte, dieses Tier konnte Dagmar definitiv tragen. Bevor sie Wotan erwarb, hatte sie sich ausführlich mit der Pferdehaltung und dem Training beschäftigt. Sie hatte sich gründlich vorbereitet und beschlossen die Dualaktivierung® auszuprobieren. Die Bücher von Michael Geitner hatte sie dabei. In den diversen Foren zur Dualaktivierung® und Equikinetic® war sie zu Hause. Schon bei der Terminvereinbarung am Telefon kamen wir beide ins Fachsimpeln. Ich staunte nicht schlecht. Dagmar packte alles mit Verstand an. Deshalb hatte sie auch schon eine feste Vorstellung für meinen Auftrag: „Schau einmal, Rike, was Du noch bei meinem Training ergänzen kannst."

Ich staunte nicht schlecht. „Alles im Griff" meldete meine erste Wahrnehmung, aber irgendwie nahm ich auch eine kleine Disharmonie in ihrer Vorstellung wahr. Vielleicht kennen Sie auch dieses Gefühl, dass alles zu perfekt ist. Mein Bauchgefühl warnte mich ohne zusagen wovor. Diesem Gefühl wollte ich im weiteren Verlauf unseres Trainings auf die Spur kommen. Es war ein Bauchgefühl, dass man nicht in Worte fassen kann. Mein Ehemann würde jetzt sagen: „Natürlich kann man es nicht in Worte fassen, ist ja ein Gefühl unseres Autopiloten, also eine Mitteilung unseres Unbewussten." Ich liebe ihn für seinen klaren Pragmatismus, es klingt vieles so einfach bei ihm.

Ich dachte zurück an meine Ankunft am Stall. Dagmar stand in der Stallgasse und schmuste mit ihrem Wallach. Wotan schmiegte sich dicht an sie und verlagerte ganz unmerklich sein Gewicht zu ihr. Das war der erste Hinweis für mein Gefühl, subtil und fein, nicht sehr auffällig im ersten Augenblick der Begrüßung, wo man auf so viel achtet. Was war passiert? Klar, Wotan hatte für sich die Frage geklärt: „Wer bewegt wen?"

> **ZUM WEITERDENKEN**
> Pferde spiegeln unsere Körpersprache wider, die unsere Seele widerspiegelt. Durch Pferde können wir in unser Innerstes schauen, in die Funktion unseres unbewusst funktionieren Autopiloten. Ich nutze gerne das Pferdeverhalten, um Zugang zu meinen Klienten zu erhalten. Auch ich bin so manchmal in meinen Erwartungen beim Klienten gefangen. Um so wichtiger ist es als Trainer, sich dessen bewusst zu sein und vorbereitet zu sein.

Der zweite Hinweis auf eine Disharmonie zwischen Dagmars am Telefon beschriebenen Vorstellung von Pferdetraining und der Realität ließ nicht lange auf sich warten und war eigentlich kaum zu übersehen – im Nachhinein, denn Dagmar hatte ein wirklich einnehmendes Wesen und bei der Begrüßung fühlte ich mich sicher und geborgen.

Dagmar ließ den Strick von Wotan fallen und kam auf mich zu. Sie strahlte mich an und die Umarmung fiel besonders herzlich aus. Ich war überrascht. Diese Frau hatte definitiv kein Problem mit Pferden. Rike, du hörst mal wieder die Mücken husten", dachte ich, „Das wird ein tolles und spannendes Fachsimpeln werden". Dagmar hatte mir am Telefon schon alles haarklein aufgezählt und ich hatte mich so über ihre ganzen Ideen gefreut. Sie hatte sich sogar noch weitere Gedanken zu Gassenaufgaben gemacht.

In dieser herzlichen Atmosphäre hatte mich Dagmar in der Rolle des Bewunderers erwischt, der mit der Darbietung assoziiert, d.h. tief gefühlsmäßig verbunden ist. Meine Professionalität und Beobachtungsgabe als Trainer wanderte in den Hintergrund. Ich wollte nur noch wissen, was diese Frau alles konnte. Mit leuchtenden Augen fragte ich sie: „Was hast Du schon alles mit Wotan in der Dualaktivierung® umgesetzt?" Dagmar schaute mich erstaunt und ungläubig an und in mir kroch das Gefühl hoch, dass ich mit meiner Euphorie über das Ziel hinausgeschossen wäre. In meinen Denkmodell poppte die Meldung meines Ehemannes hoch: „Gehe leer zum Kunden." Ich war alles andere als leer, sondern voller praktischer Trainingsideen und wollte sie mit Dagmar austauschen. Ich war in meiner Welt und nicht in der Welt des Kunden unterwegs. Autsch!

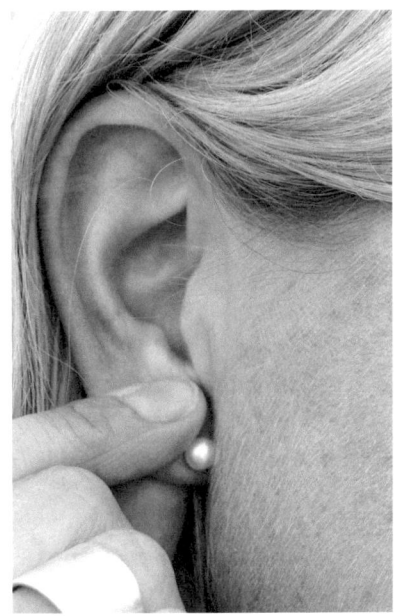

Mein Traineranker am rechten Ohrläppchen holte mich in die Wirklichkeit zurück und ich war wieder offen zuzuhören. Wie kann sich doch die Vorstellung nach einem rasanten Telefonat von der Wirklichkeit unterscheiden. Sie hatte klare Vorstellungen und Wünsche von der Technik der Dualaktivierung® und wie die Gassen zu liegen hatten. Die Gassenbreiten und Aufbau beherrschte sie Eins A. Das Equipment zur Dualaktivierung® war vollzählig vorhanden und noch unbenutzt.

Dagmar stand vor mir und sah mich auffordernd an. „Rike, schön dass Du da bist. Ich habe vor vier Wochen mit der Dualaktivierung® begonnen." „Schön", erwiderte ich. „Was hast Du schon alles gemacht?" „Ich habe mir vorgenommen, zweimal pro Woche zu trainieren." „Aha! – und?" „Naja, beim ersten Mal hatte Wotan eine Wurmkur bekommen, da wollte ich ihn nicht zu hart rannehmen. Beim zweiten Mal war es zum Trainieren einfach zu warm, beim dritten Mal verhielt sich Wotan so komisch, da habe ich das Training lieber schnell beendet, beim vierten Mal haben uns die Fliegen so geärgert, da konnte er sich überhaupt nicht konzentrieren, beim fünften Mal … ."

> **ZUM WEITERDENKEN**
> Im Nachhinein ist man immer klüger, heißt es. Ich finde diesen Glaubenssatz so doof. Der kann doch nicht immer wahr sein? Doch, ist er und er hilft uns bei zukünftigen Entscheidungen klüger zu agieren. Durch meine euphorische Stimmung stellte mein Autopilot meine Wahrnehmung so ein, dass ich nur das sehen und hören wollte, dass zu meiner Super-Stimmung passte. Meine Wahrnehmung wurde deutlich eingeschränkt und entsprach nicht mehr meiner Vorstellung einer Trainerwahrnehmung: offen für alle Informationen ohne Bewertung, schlecht oder gut. Aber bevor diese Trainerfalle zuschnappen konnte, meldete ein anderer Schweinehund in meinem Kopf zu Wort. Ich wusste irgendwas lief bei mir schief. Für solche Fälle habe ich meinen Traineranker am Ohrläppchen programmiert, der meine Vorstellung eines guten Trainers jederzeit hervorholt.

Ich war überrascht, wie viele Gründe es geben kann, um ein Training zu verschieben bzw. vorzeitig zu beenden. Erstaunt war ich auch, dass Dagmar ihre Gründe alle herunter rattern konnte und mich dabei freundlich anstrahlte, als ob sie das Training handfest durchgezogen hätte. Sie gab sich alle Mühe und hat die Dualaktivierung® auswendig gelernt. Ihr Wille war da, aber es kam immer etwas dazwischen und dafür konnte sie nun wirklich nichts, immer war irgendetwas anderes Schuld.

Besonders bemerkenswert fand ich, dass es für sie keine Differenz zwischen der Trainingsvorstellung und der praktischen Wirklichkeit gab. Sie hatte die Zielansprache wirklich verinnerlicht, aber bei der Umsetzung haperte es. Beim Schmusen war es schon offensichtlich: Ihr Wissen über die Dualaktivierung® wurde nicht in der realen Welt umgesetzt. Verblüfft war ich auch, wie sicher Dagmar die anderen Verhaltensregeln der Dualaktivierung® in der Theorie beherrschte – ich erinnerte mich an unser Telefonat, was haben wir gefachsimpelt. Nur wurde in der Praxis keine Regel davon konsequent am Pferd umgesetzt. Dagmar lebte in einer Wunschwelt: Sie hatte die Fähigkeiten und den Wunsch die Dualaktivierung® anzuwenden, aber was sollte sie machen, irgendetwas verhinderte das reale Training. Deshalb bewegte Wotan Dagmar nach seinen Pferderegeln.

Dagmars Autopilot war so gut ihm Aufbauen eines harmonischen Kopfkinos, dass Dagmar diesen Film für real hielt. Und falls jemand nachfragte: „Was hast Du wirklich trainiert?", also diese Harmonie störte, dann erfand Dagmars Autopilot jede Menge Geschichten, um die Harmonie für Dagmar wieder herzustellen. Bei diesem Mensch-Pferd-Gespann lag etwas im Argen, mein Bauchgefühl hatte mich also nicht getäuscht.

Am Rande sei erwähnt: Unser Bauchgefühl täuscht uns nie. Leider kann es vorkommen, dass wir es falsch deuten oder es leugnen, da seine Meldung aktuell nicht in unsere Vorstellung passt. Auch Trainer unterliegen diesem Phänomen. Es macht sie aber zu guten Trainern, wenn sie um dieses Problem wissen.

Mein Auftrag bei Dagmar musste überarbeitet werden: „Schau einmal, Rike, was kannst Du bei einem Training noch ergänzen." Für mich ist Training auch eine körperliche Angelegenheit. Das hatte bei Dagmar noch nicht stattgefunden. Also gab es auch nichts zu ergänzen. Ein Bedarf an Veränderung für die Situation war aber offensichtlich. Aus den anderen Geschichten kennen sie schon den weiteren Verlauf einer Mensch-Pferd-Beziehung, wenn das Pferd sich ranghöher fühlt.

Ich nahm Dagmar zur Seite und erzählte ihr, welche Hinweise ich beobachtet hatte: „Dagmar, ich bin überzeugt, dass Du ein klasse Training mit Wotan machen würdest, Du hast die Dualaktivierung® verinnerlicht, aber ich spüre eine Disharmonie zwischen Deinem Wunsch zu trainieren und dem, was auf dem Trainingsplatz wirklich passiert." Dagmar fiel aus allen Wolken: „Du, Rike, ich habe doch trainiert, aber es kam immer etwas dazwischen! Das ist doch nicht meine Schuld!" Als Trainer muss man seinen Kunden nur offen zuhören. Sie sagen einem, was sie im Herzen tragen bzw. was ihren Autopiloten steuert. Bei Dagmar fiel das Stichwort „Schuld". In der Form, wie sie es aussprechen kann – die Umstände, die anderen sind Schuld. Dadurch kann sie sich von ihrem Schuldgefühl distanzieren. Ihr Schuldgefühl ist schuld, dass sie das Training nicht machen kann. Und nun war ich mitten drin in einem Coaching. So kann ein Auftrag sich verändern. Jetzt lautete der Auftrag: Dagmar, was brauchst Du, um mit deinem Schuldgefühl umzugehen?

> **ZUM WEITERDENKEN**
> Wir kennen alle dieses „irgendetwas", was wir uns wünschen und doch kommt es anders. Wir haben uns irgendetwas vorgenommen, doch dann springt aus dem Hinterhalt der Schweinehund vor und durchkreuzt unsere Umsetzung. Und wir waren so gut vorbereitet, unsere Vorsätze waren so ehrenhaft. Wie war es bei Ihnen letztes Silvester? Was nehmen wir uns nicht alles für das nächste Jahr vor und was bleibt davon am nächsten Morgen über? Vielleicht wollten wir regelmäßig und strukturiert mit unserem Pferd trainieren. Wir haben uns das Training schon prima ausgemalt. Dann riefen wir eine Freundin an, tauschten uns über unsere tollen Pläne aus und waren zufrieden. Der Autopilot war in der Zielvision zufrieden, unser Schweinehund hat uns ausgebremst.

> Sicherlich auch in guter Absicht. Ich möchte klarstellen, dass unser Autopilot für unser Wohl sorgt. Wir brauchen ihn und er braucht uns. Ein Autopilot im Flugzeug kann das Flugzeug fliegen, aber ohne Flugzeug liegt er auf dem Boden herum. Und er fliegt nur so gut, wie er programmiert und eingestellt ist. Und man kann ihn jederzeit neu programmieren, wenn es erforderlich ist. So können wir uns auch unseren Autopiloten vorstellen. Das Denkmodell hilft dabei mit der Visualisierung unsere Vorstellung zu unterstützen.

Ich sprach mit Dagmar den veränderten Auftrag durch. „Du meinst, wenn Du mich coachst, dann klappt mein Pferdetraining?" fragte sie ungläubig. „Es wäre einen Versuch wert," antwortete ich. „Fakt ist, Dein Pferd respektiert Dich nicht, Du trainierst Dein Pferd nicht und Du findest genug Entschuldigungen, die Deine Trainingsmißerfolge schönreden. Aber Dein Wunsch, mit Pferden zuarbeiten, ist noch da und er wird immer wieder hochkommen. Du wirst Dich hin- und hergerissen fühlen und bald nicht mehr klar erkennen, was Du überhaupt willst. Um Dich daraus zu retten, wirst Du Wotan, der als Anker diese Disharmonie in Deinem Kopf auslöst, meiden. Wotan wird dann fortan ohne Dich leben und hier im Offenstall ein friedliches Dasein haben. Traurig stimmt mich das Schicksal der Boxenpferde, bei denen manche Besitzer die gleiche Disharmonie in sich tragen. Lass es Dir durch den Kopf gehen."

Sechs Wochen später rief mich Dagmar an und bat um einen neuen Termin. Mit vielen Worten schilderte sie, dass sie wieder zweimal in der Woche trainieren wollte, aber irgendetwas kam immer dazwischen. Die Sehnsucht nach Wotan wuchs aber. Das Dilemma wurde zu groß, so wusste nicht mehr ein noch aus. Ihr Beruf und die Familie begannen auch unter ihren wechselhaften Launen zu leiden. „Werde Dir klar, was Du willst", hatte der Ehemann ihr an den Kopf geworfen. Das hin und her ist nicht auszuhalten. Am Ende des Telefonats sagte sie: „Ich bin bereit für ein Coaching, ich möchte diese kreisenden Gedanken im Kopf los werden."

Durch die gegensätzlichen Positionen von Wunsch und Wirklichkeit in Dagmars Kopf entwickelte sich eine Disharmonie. Wir Menschen lieben es harmonisch im Einklang mit unserer Umwelt zu leben. Das heißt nichts anderes, als dass die Umwelt sich so verhalten soll, wie wir es wünschen. Wenn das nicht der Fall ist, wenn die Umwelt macht, was sie möchte – hier das Pferd - dann fühlen wir eine Disharmonie. Sie ist unser Ansporn, unser innerer Antrieb, etwas zu verändern, entweder unseren Wunsch oder unsere Umwelt.

Beides braucht viel, viel Energie. Das Thema "Andere ändern" hatten wir bereits besprochen. Wir können nur bei uns ansetzen, was aber unser Schweinehund zu verhindern trachtet. Er ist unser Energiesparer, der immer wieder neue Ausreden erfindet, warum wir nicht nach unseren Wünschen handeln sollen. Seine gute Absicht ist, dass wir in unserer bekannten Komfortzone bleiben und unsere Wünsche außerhalb vergessen, denn sie können auch Gefahren beinhalten. Umgang mit Pferden kann gefährlich sein.

Unsere Fee Felizitas treibt uns zu neuen Wünschen an, da diese auch neues Glück verborgen liegen kann. Bekanntes Glück fällt unter der Überschrift Gewöhnung - unser Gehirn schüttet nur bei unbekanntem Glück Glückshormone aus. Dieses Wechselspiel sorgt dafür, dass wir uns in einem sicheren Rahmen neue Fähigkeiten für neue Ziele entwickeln können. Wenn das Wechselspiel einseitig wird, dann entsteht Frust.

Und hier lag das Problem von Dagmar. Im Grunde ihres Herzens war sie sehr ängstlich. Sie versuchte dieses Gefühl durch ihr präsentes Auftreten und klare Struktur zu überdecken. Wotan hat die Ängstlichkeit in Dagmar gesehen und sie als Führungskraft abgelehnt. Er durchschaute Dagmar, die ihren Frust mit nach Hause nahm.

Meine erste Botschaft an Dagmar war: „Du hast es selbst in der Hand: Du kannst entscheiden, ob und wie Deine Wünsche umgesetzt werden.

Das war eine Ansage für Dagmar. Sie sollte selbst Verantwortung für ihre Aktivitäten übernehmen. Sie hat einen Trainer gerufen, der ihr die Verantwortung nicht abnehmen - der einfach nicht mitspielen wollte.

Dagmar war über meine Aussage nicht amüsiert. In solchen Momenten hilft mir meine Fähigkeit, Rapport zum Kunden aufrecht zu halten. Meine Ruhe und Gelassenheit in dieser Situation brachten Dagmar ins Nachdenken. Und ihr Wunsch, mit Wotan zu trainieren, kam aus dem Hinterkopf wieder hervor und sagte: „Hier ist ein Trainer, der kann es mit deinem Schweinehund aufnehmen, gib ihm eine Chance, ich, Dein Wunsch, möchte wahr werden."

Unsere Selbstgespräche sind manchmal schon lustig. „Okay." sagte sie zu mir: „Lass uns mit dem Training anfangen." Damit ich für Dagmar ein sicheres Gefühl erzeugte, holte ich sie gedanklich dort ab, wo sie sich zu Hause fühlt. Sie hatte ihre Familienleben gut strukturiert organisiert, alles lief wie am Schnürchen. Diese Fähigkeiten galt es auf das Pferdeleben zu übertragen. In Dagmars Welt ist Struktur und Organisation wichtig. Das fanden wir im Reithof des Lernens wieder.

Ich nahm den Reithof und wir wanderten gedanklich von der Basis aus in alle Räume. Als Beispiel nahmen wir das Regenwetter, bei dem das Stalldach klapperte und die Pferde beunruhigte. „Dagmar, was hast Du gemacht, als Du die Dualaktivierung® trainieren wolltest und es hat geregnet?" Dagmar überlegte: „Überall waren Pfützen, denen ich auswich, ich schaute ständig auf den Boden – und das Klappern des Daches machte mich nervös. Ich war total hektisch und unzufrieden." „Wie war den Wotan drauf?" fragte ich nach. „Oh ja, jetzt wo Du fragst, fällt es mir auf. Wotan war hektisch, weil ich hektisch war." „Genau, Pferde sind Muskelleser. Und wenn unsere Muskeln hektisch zappeln, zappeln unsere Pferde auch. Dagmars Gesichtszüge entspannten sich. Es war gar nicht Wotans Schuld, dass an dem Regentag das Training ausfiel. Nach einer kurzen Freude verknitterte sich ihr Gesicht: „Dann war es ja meine Schuld." „Willkommen in der Wirklichkeit." strahlte ich sie an. Ich zeigte ihr das Denkmodell und sie verstand, dass ihr Verhalten von ihrem Autopiloten gesteuert wurde. „Und jetzt hast Du die Chance, Deinen Autopiloten neu zu justieren. Die Disharmonie, das aktuelle Gefühl des Frusts sind das Signal. Nimm es bewusst wahr und schick Deinen Schweinehund ins Körbchen. Und ganz nebenbei, lächle ihn an, denn er hat bisher gut für Deine Sicherheit gesorgt, aber jetzt machst Du das selber." Dagmar lachte bei dem Gedanken, wie ihr Schweinehund friedlich im Körbchen lag. Dann schaute sie mich fordernd an: „Okay, ich habe alles verstanden, ich habe Wünsche, die ich mich nicht traue zu erfüllen, weil ich mich unsicher fühle. Und mein Schweinehund sorgt dafür, dass ich dennoch friedlich bleibe und nicht Amok aus Verzweiflung und Disharmonie laufe." Schöner konnte man es kaum zusammenfassen. „Und wie geht es jetzt weiter?", bohrte Dagmar. Dabei hat sie so ein kindliches Glitzern in den Augen. „Zurück zum Reithof des Lernens. Wir waren auf der Verhaltensebene. Du hast gesagt, dass Du hektisch warst. Was braucht Du für Fähigkeiten, um gelassen und entspannt zu sein?" „Ich komme ziemlich schnell wieder runter, wenn ich Abstand habe. Auch toll ist, wenn ich das Equipment vorbereitet und zur Hand habe. Suchen nervt mich einfach. Manchmal nehme ich auch mein kleines Stoffpferd Wotanchen in der Hosentasche mit – ach ne, dass ist zu albern." „Es ist alles erlaubt, was Dir Entspannung und Gelassenheit schenkt. Du hast super Ideen und ganz besonders die Idee mit dem Stoffpferdchen gefällt mir. An diesem Anker hängen bestimmt herrliche Erinnerungen. Lass mich zusammenfassen: Du hast die Fähigkeiten, durch Abstand zu einer Situation, durch Ordnung des Equipments und einem süßen Stoffpferd Dir Entspannung und Gelassenheit zu geben. Und jetzt, wo wir darüber sprechen, weißt Du, dass Du bei jeder neuen Situation diese Fähigkeiten wieder verwenden kannst."

„Das ist ja einfach." staunte Dagmar: „Ich habe es selbst in der Hand – das ist ein schönes, sicheres Gefühl." „Und das Stallgebäude für die Ziele haben wir gleich mit einem Schwung mit besucht. Entspannung und Gelassenheit. Was macht dann Wotan, wenn Du entspannt und gelassen bist?" Dagmar schmunzelte in sich hinein, sie hatte verstanden, über ihre Körpersprache sendet sie Signale an Wotan. Ist sie entspannt, ist er entspannt. „Und damit Wotan bei der Dualaktivierung bei so viel Entspannung einschläft, gibst Du noch eine Prise Aktivität in Deine Körpersprache hinein." Nun fehlte nur noch der Besuch des Stallgebäudes mit der Identität, der so wichtig war, da er einen mächtigen Wohlfühlanker darstellte. „Dagmar, wer bist Du dann, wenn Du auf dem Reitplatz mit Wotan gelassen und entspannt Dualaktivierung® trainierst?" „Ich bin Dagmar, die Pferdeflüsterin!" sprudelte es aus ihr heraus. Sie tanzte, lachte und fühlte sich frei und glücklich. Die Pferdeflüsterin war ein starker Anker für Dagmar. Um Dagmars Aktivität mit dem Anker zu festigen, ging ich im Reithof des Lernens gegen den Uhrzeigersinn zurück. „Dagmar, wenn Du die Pferdeflüsterin bist, welche Ziele hast Du?" „ Ich trainiere mein Pferd entspannt und gelassen – so ist es auch gelassen." „Wenn Du Dein Pferd entspannt und gelassen trainierst, welche Fähigkeiten hast Du?" „Ich kann Abstand nehmen, wenn ich mich anspanne, kann mir Sicherheit durch Ordnung im Equipment geben und Gelassenheit bei Wotanchen sammeln." „Wenn Du Abstand nehmen kannst, Ordnung in deinem Equipment hast und Wotanchen bei Dir, wie verhältst Du Dich?" „Ich bewege mich sicher und langsam, ich bin konzentriert auf die Aufgabe und ziehe sie durch egal, was um mich herum passiert. Und ich achte auf meine Sicherheit." Schöner konnte sie es nicht sagen. Die Emotionen in ihr schwappten zu mir herüber. Das sind diese Momente, die das Trainerdasein so herrlich machen.

Und für das eigentliche Pferdetraining brauchte sie mich nicht. Sie hatte die Theorie drauf – das hatte ich schon beim ersten Telefonat bemerkt. Manchmal führt es auch zum Ziel, wenn man den Pferdebesitzer trainiert. Dann geht das Pferd von alleine.

# Aufbruch zu neuen Wegen

Die Einzigartigkeit von Menschen und Pferden macht unser Leben gemeinsames abwechslungsreich und spannend. Damit die Einzigartigkeit erhalten bleibt, wächst und in ein erfolgreiches, Spaß spendendes und motivierendes Miteinander mündet, ist eine individuelle Weiterentwicklung unseres Erfolgskonzeptes für Mensch und Pferd wichtig. Wir bekommen aus den Welten anderer Menschen und Pferden unzählige Inspirationen geschenkt. Mit ihnen können wir unseren Horizont erweitern, unsere Wege verbreitern, sie verzweigen lassen oder ihnen einfach weiter folgen. Wir haben die Wahl – ein Dankeschön an die vielen anderen Menschen und Pferde, die ich kennen lernen durfte und noch kennen lernen werde.

Fähigkeiten erkennen, sie nutzen und daraus neue entwickeln, ist kein Hexenwerk. Jeder hat die Fähigkeiten in sich, die er braucht. Jeder kann sein Ziel erreichen, das er sich gesetzt hat.

Ein strukturierter, Sicherheit spendender Rahmen, in dem der Weg des Entwickelns das eigentliche Ziel ist, macht jeden von uns zu einem brillanten Künstler seines Lebens. Die Brillanz bringen in vielen Fällen die unbewussten Fähigkeiten, die in uns stecken.

Manchmal überkommen uns unsere Wünsche und wir machen viel zu große Schritte auf unserem Weg zum Ziel. Wir überholen uns selber und wundern uns dann, wenn wir straucheln. Um unsere Fähigkeiten zu erkennen und weiterzuentwickeln, brauchen wir manchmal kleinere Schritte, die uns dann vorwärts führen. Wir können uns auch Hilfe von der Familie, Freunden, Trainern und unserem Pferd (wie bei mir mit Maxi) holen. Fragen wir die Menschen um uns herum, wie sie ihre Wege zu ihren Wünschen meistern. Wir können uns ihre Fähigkeiten ausleihen und bekommen neue Ideen für unsere Wege. Und wir erhalten ihren Dank, dass wir uns für ihre Welt interessieren. Eine wunderschöne Anerkennung für uns selbst. Lassen Sie uns gemeinsam weiter auf unseren Wegen wandeln. Denn eigentlich ist der Weg das Ziel – mit den ganzen Abenteuern rechts und links, denen wir begegnen und die uns begleiten.

# Autoren

Ulrike Wilde, staatl. anerkannte Physiotherapeutin und zertifizierte Trainerin Dualaktivierung® und Equikinetic®, hat ihre Leidenschaften Aikido und Pferde zusammengeführt und befasst sich besonders intensiv mit dem Thema "Kommunikation" und "Persönlichkeitsentwicklung" mit Pferden.

Über die Dualaktivierung® nach Michael Geitner kam sie zu einem sehr einfachen Umgang mit Pferden, die als Beutetiere ein Höchstmaß an Sicherheit und Struktur benötigen, um nachhaltig und gelassen zu lernen. In der ONLINE PFERDEAUSBILDUNG des INSTITUTE4TRAININGS® entwickelte sie am Beispiel der jungen Stute Stella ein "Zwölf Lektionen-Ausbildungskonzept für Jungpferde".

Mittlerweile ist Ulrike Wilde in Deutschland als erfolgreiche Trainerin für Mensch und Pferd im Einsatz und gibt Kurse zur Dualaktivierung® und zur Equikinetic®. Im Rahmen der Persönlichkeitsentwicklung unterstützt Ulrike Wilde mit Pferden als Cotrainer Kinder und Jugendliche bei der Förderung sozialer Stärken und Erwachsene bei der Weiterentwicklung ihrer Führungsqualitäten.

In ihrem YouTube-Kanal der ONLINE PFERDEAUSBILDUNG gibt Sie im Format RIKE ! WIE.. ? alltagstaugliche Tipps für ein entspanntes, sicheres und freudiges Lernen mit Pferden. Ihr Motto: "Chancen multiplizieren sich, wenn man sie ergreift!"

Dr. med. Jens Wilde MPH (The Brain), Arzt, Vortragsredner und NLP-Trainer, hat mit seinem komplexen neurobiologischen Wissen und seinen kundenorientierten, alltagsbewährten Lösungsstrategien maßgeblich zum Erfolg des Konzeptes der ONLINE PFERDEAUSBILDUNG des INSTITUTE4TRAININGS® beigetragen.

Seine humorvollen Vorträge zu den Themen Stress und Glück begeistern seine Zuhörer immer wieder und sind für viele seiner Patienten ein nicht mehr wegzudenkender Teil auf dem Weg zur Gesundung. Seine aufrichtige Art und seine Menschenkenntnis gepaart mit seinem Wissen über die psychologische Natur von uns Menschen mit unseren Vorlieben und Wünschen, macht ihn zu einem erfolgreichen und charmanten Begleiter in Veränderungsprozessen bei Mensch und Pferd.

Sein Motto: "Alles hat zwei Seiten - wir entscheiden, auf welcher wir leben wollen!"